Intellegenza Emotiva e Programmazione Neuro-Linguistica

I Pilastri dell'Intelligenza Emotiva, Controllo Mentale e PNL per una Vita di Successo

DANIEL ROBINSON

Questo libro è fornito al solo scopo di offrire informazioni rilevanti su un argomento specifico per il quale è stato fatto ogni ragionevole sforzo per assicurare che sia accurato e equilibrato. Tuttavia, acquistando questo libro, si acconsente al fatto che l'autore, così come l'editore, non sono in alcun modo responsabili degli argomenti discussi all'interno e che qualsiasi raccomandazione o suggerimento è a scopo di intrattenimento ed è fondato sulla propria esperienza e sugli studi effettuati negli anni. Si raccomanda di consultare sempre un professionista prima di intraprendere qualsiasi consiglio o tecnica discussa all'interno.

Inoltre, le informazioni che si possono trovare all'interno delle pagine descritte qui di seguito devono essere considerate accurate e veritiere quando si tratta di raccontare i fatti. Come tale, qualsiasi uso, corretto o scorretto, delle informazioni fornite renderà l'editore libero da responsabilità per quanto riguarda le azioni intraprese al di fuori della sua diretta competenza. Indipendentemente da ciò, non ci sono scenari in cui l'autore originale o l'editore possono essere ritenuti responsabili in qualsiasi modo per eventuali danni o difficoltà che possono derivare da una qualsiasi delle informazioni qui discusse.

Inoltre, le informazioni nelle pagine seguenti sono intese solo per scopi informativi e dovrebbero quindi essere considerate come universali. Come si addice alla sua natura, sono presentate senza assicurazione riguardo alla loro validità prolungata o qualità provvisoria. I marchi di fabbrica che sono menzionati sono fatti senza consenso scritto e non possono in alcun modo essere considerati un'approvazione da parte del titolare del marchio.

Indice

Introduzione

Congratulazioni per aver acquistato *Intelligenza Emotiva e Programmazione Neuro-Linguistica*.

Avete mai interagito con qualcuno per poi scoprire che, inspiegabilmente, stavate cominciando ad avere strane e potenti tentazioni su cosa fare dopo? Forse vi siete sentiti come se aveste bisogno di fare qualcosa che normalmente non fareste mai, o avete scoperto che le vostre emozioni sembrano essere stranamente dappertutto, nonostante il fatto che avreste dovuto essere in grado di gestirle abbastanza bene.

C'è una spiegazione per questo: l'elaborazione neuro-linguistica. Si tratta di un insieme di azioni particolarmente potenti. Parole, e comportamenti al fine di portare le altre persone ad obbedire.

In questo libro sarete introdotti all'elaborazione neuro-linguistica, un altro processo che coloro che praticano la psicologia oscura tendono ad esercitare, e infine, affronterete come migliorare le vostre abilità di comunicazione e PNL in modi che sono favorevoli a vivere una vita felice e di successo.

Durante la lettura, vi verranno fornite tutte le informazioni di cui avete bisogno per iniziare a capire le persone intorno a voi. Se siete disposti a memorizzare le informazioni che vi verranno fornite, scoprirete che comprendere anche gli estranei diventerà più facile per voi.

Ci sono molti libri su questo argomento sul mercato, grazie ancora per aver scelto questo! È stato fatto ogni sforzo per assicurarsi che sia pieno di informazioni il più possibile utili; godetevelo!

Capitolo 1: Intelligenza Emotiva

Vi viene in mente una persona con cui interagite regolarmente che non sembra capire le normali convenzioni sociali? Non importa quanto spesso interagite, potreste scoprire che è ancora altrettanto sprovveduto sulle norme di base e su come interagire con gli altri. Immaginate il vostro amico Eric. È una persona che fa fatica a dire la sua con le altre persone. Spesso si offre volontario per molto più di quanto possa effettivamente realizzare. Fa del suo meglio per rispettare attivamente i suoi obblighi, ma senza successo: semplicemente si impegna troppo e questo torna sempre a perseguitarlo.

Naturalmente, poi diventa incredibilmente frustrato e tende a scagliarsi contro le altre persone in risposta, nonostante il fatto che sia stata colpa sua. Trova sempre un modo per incolpare gli altri per le sue mancanze, che non sono mai colpa sua. Anche se avesse fatto cadere un piatto per pura goffaggine, è probabile che dia la colpa al pavimento o alle sue scarpe, o anche al modo in cui il sole gli stava abbagliando gli occhi.
Questa è l'immagine di qualcuno che manca di consapevolezza di sé: Una componente fondamentale dell'intelligenza emotiva.

L'intelligenza emotiva è un set di abilità che è fondamentale per il successo, in particolare in qualsiasi ambiente che richiede interazioni di gruppo. Infatti, i datori di lavoro spesso scelgono l'individuo meno qualificato, ma ancora più intelligente emotivamente rispetto all'individuo più intelligente, ma meno intelligente emotivamente quando assumono, proprio a causa di tutti i vantaggi che l'intelligenza emotiva porta con sé.

Quando si è emotivamente intelligenti, si è generalmente molto più piacevoli da avere intorno, e questo è qualcosa che anche il curriculum meglio costruito non può garantire. Puoi aver ottenuto una laurea ad Harvard, il primo della tua classe, ma se non sei emotivamente intelligente, sarà estremamente difficile lavorare con te in qualsiasi facoltà. Pensate a Eric per un momento: era incredibilmente estenuante interagire con lui semplicemente perché non riusciva a ritenersi responsabile.

Cos'è l'intelligenza emotiva?

Vi starete chiedendo, quindi: Cos'è l'intelligenza emotiva? Potete capire che è un insieme di abilità importanti, ma perché? La risposta è relativamente semplice. L'intelligenza emotiva è comunemente definita come la capacità di essere consapevoli e di controllare le proprie emozioni, mantenendo anche la capacità di gestire le relazioni con gli altri in modo giusto ed empatico.

Ora, questo è un po' un resoconto. Tuttavia, può essere suddiviso in tre punti distinti:

- Comporta la capacità di comprendere le proprie emozioni
- Implica la capacità di evitare di cadere nelle reazioni istintive e negli impulsi emotivi con l'autoregolazione.
- Implica la capacità di gestire le relazioni con gli altri in modi che siano giusti, empatici e benefici

In effetti, è la vostra capacità di assicurarvi che non state reagendo al mondo come un bambino in età prescolare arrabbiato. Pensate a come un bambino in età prescolare è incline a reagire a quasi tutte le situazioni: se gli togliete qualcosa con cui un bambino in età prescolare stava giocando, il bambino potrebbe urlare e gridare per la frustrazione, o cercare di farvi del male in risposta. Questo è principalmente perché il bambino in età prescolare non è in grado di autoregolarsi. È impulsivo perché le parti del suo cervello necessarie per gestirle non sono ancora sviluppate.

Quando si è molto intelligenti dal punto di vista emotivo, si è invece in grado di mantenere il controllo. È più probabile che tu reagisca in modi intelligenti e strategici piuttosto che cedere a qualunque sia stato il tuo più recente impulso emotivo. Se qualcuno fa qualcosa che vi fa arrabbiare, non deciderete di investirlo con la macchina o di vendicarvi, semplicemente perché sapete che, anche se la rabbia ha uno scopo e un posto specifico, non è quella che dovreste usare per gestire le vostre relazioni con gli altri. La rabbia è motivante, ma raramente la distruzione che la rabbia può incoraggiare è utile.

Le persone si affollano naturalmente verso coloro che hanno un'intelligenza emotiva per una ragione specifica: sono molto più facili da trattare di coloro che non lo sono. Se riesci a fare in modo di non cedere ai tuoi impulsi, stai prendendo decisioni intelligenti e informate su come reagire. Invece di urlare che il tuo ordine è stato ritardato e sarà in ritardo, fai spallucce, ti scusi con il destinatario e ti metti in testa che la prossima volta farai in modo di ordinare prima per evitare che lo stesso problema si ripeta in futuro. Imparate dal passato e andate avanti senza lasciarvi abbattere, perché questo è il modo più corretto di andare avanti nella vita e nelle motivazioni.

In generale, l'intelligenza emotiva può cambiare da persona a persona, e le persone di solito hanno diverse quantità di intelligenza emotiva che si è sviluppata naturalmente. Alcune persone sono semplicemente più inclini ad essere empatiche e autodisciplinate, e per questo il quadro dell'intelligenza emotiva è sempre diverso. Può presentarsi in modo diverso in una persona rispetto ad un'altra, ma ciò che è importante ricordare è che si tratta di un'abilità. Chiunque può imparare ad essere emotivamente intelligente se sa imparare come affrontare la situazione, e imparando ad essere emotivamente intelligente, scoprirete di essere molto più felici nelle vostre relazioni. Scoprirete che le altre persone sono più gentili con voi quando siete in grado di regolare le vostre emozioni e aspettative, e scoprirete che è più probabile che siate favoriti rispetto a qualcuno che non ha intelligenza emotiva. Questo beneficio da solo rende l'apprendimento del processo e delle competenze molto più critico.

La storia dell'intelligenza emotiva

Nonostante il fatto che il concetto stesso di intelligenza emotiva sia un concetto relativamente nuovo, è sempre esistito in qualche modo. Lo si può vedere in tutte le specie, con quelli che sono altamente empatici tra i leader più efficaci. Infatti, spesso, nei primati, i leader mostrano altrettanta, se non più, empatia delle femmine della loro specie.

Quando si pensa a cosa significa guidare, questo ha senso: Quando si è empatici, si è in grado di capire i sentimenti degli altri. Puoi dire come le emozioni delle altre persone hanno un impatto su di loro e su coloro che li circondano. Puoi dire di cosa hanno bisogno le persone perché capisci i loro sentimenti. Quando riesci a capire i loro sentimenti, sei in grado di aiutarli meglio. Ti senti motivato ad aiutare le persone più di prima semplicemente perché sai come si sentono e puoi relazionarti con loro.

Tuttavia, in anni relativamente recenti, questa comprensione di ciò che rende un buon leader un buon leader è diventata sempre più focalizzata nella ricerca. L'uso del termine "intelligenza emotiva" si è verificato per la prima volta nella storia nel 1964, coniato da un professore di psicologia chiamato Michael Beldoch. Può aver dato il nome all'argomento, ma non è diventato convenzionale fino al 1995.
Nel 1995, con il libro Intelligenza emotiva, Daniel Goleman riuscì a spingere il concetto di intelligenza emotiva alla ribalta con le sue affermazioni che era cruciale se la gente voleva avere successo nella vita. Secondo Goleman, più del 66% di ciò che

crea un individuo di successo può essere direttamente collegato e attribuito all'intelligenza emotiva. Quando ci si pensa praticamente, questo ha senso: L'intelligenza emotiva determina il modo in cui le persone sono in grado di interagire con gli altri. È il modo in cui le persone sono in grado di andare d'accordo e di risolvere i conflitti, così come di costruire relazioni. In questa vita, è quasi impossibile vivere senza alcuna interazione con altre persone, e questo è esattamente il motivo per cui l'intelligenza emotiva ha ottenuto così tanto sostegno.

Tuttavia, nonostante il fatto che Goleman sia stato responsabile di spingerla alla popolarità, ci sono state ricerche molto prima di lui. In particolare, gli psicologi Peter Salovey e John Mayer hanno iniziato a studiare l'intelligenza emotiva ben prima di Goleman. Usavano il termine con la definizione che avete imparato sopra con un linguaggio leggermente più specifico. In particolare, hanno definito l'intelligenza emotiva come la capacità di riconoscere e comprendere le emozioni sia di se stessi che degli altri, essendo anche in grado di discriminare per decidere quali sentimenti devono essere usati e quali devono essere evitati, usando attivamente questa capacità di discriminare le emozioni nelle interazioni con gli altri.

In effetti, sono stati loro a proporre una solida definizione che ha reso l'intelligenza emotiva ciò che è oggi. Salovey e Mayer, in particolare, hanno studiato come comprendere il concetto di intelligenza emotiva nel suo insieme, cercando di scoprire se è necessario. Alla fine, sono arrivati a quello che è conosciuto come il modello delle capacità. Il modello delle capacità afferma che ci sono quattro abilità distinte che sono necessarie per comprendere l'intelligenza emotiva e per comportarsi in modo emotivamente intelligente. Queste abilità sono:

La capacità di percepire le emozioni, come attraverso il linguaggio non verbale del corpo e le espressioni

La capacità di ragionare con le emozioni, usandole per promuovere il pensiero

La capacità di comprendere le emozioni, imparando a interpretarle, anche in situazioni difficili

La capacità di gestire le emozioni, come ad esempio essere in grado di rispondere nel modo più appropriato, anche quando non è il modo in cui ci si vorrebbe comportare.

Non molto tempo dopo che Salovey e Mayer presentarono le loro definizioni, l'ascesa del modello di Goleman salì rapidamente alla popolarità, indicato comunemente come il Modello Misto di intelligenza emotiva. In particolare, Goleman ha identificato cinque componenti che sono responsabili dell'intelligenza emotiva. Queste cinque componenti si uniscono per creare la capacità di comportarsi in modi che sono emotivamente intelligenti, e sono:

- La capacità di usare la consapevolezza di sé
- La capacità di usare l'autoregolazione
- La capacità di mantenersi motivati
- La capacità di essere empatici
- La capacità di usare le abilità sociali

Infine, nella storia più recente, uno psicologo di nome Konstantinos V. Petrides si è dilettato nelle sue interpretazioni dell'intelligenza emotiva. In effetti, ha ideato quello che era conosciuto come il Modello dei Tratti. All'interno del modello dei tratti, si presume che le percezioni delle capacità di una persona determinano il modo in cui le persone si avvicinano ad una situazione. In effetti, se pensate di essere pazienti, risponderete con pazienza molto più spesso di qualcuno che pensa di essere una testa calda.

Lo scopo di questo modello finale è di riconoscere che le persone di solito scoprono di essere inclini a comportamenti molto specifici, e nell'imparare che quei metodi sono il modo in cui di solito rispondono alle situazioni, useranno quel pensiero per determinare i comportamenti futuri. Questo è il modo in cui le persone rimangono bloccate nelle stesse azioni più e più volte: Se credete di essere una persona arrabbiata, siete più inclini a comportarvi con rabbia perché vi vedete già come arrabbiati. Quando poi rispondi con rabbia, dimostri a te stesso che sei, in effetti, arrabbiato in generale.

Capitolo 2: Lo Scopo dell' Intelligenza Emotiva

Immaginate di essere pronti ad andare ad un appuntamento con qualcuno a cui avreste voluto chiedere di uscire per mesi. Finalmente hai trovato il coraggio di avvicinarti all'altra persona e chiederle un appuntamento, ma mentre ti avvicini, scopri che inciampi completamente nelle parole. Con le guance che arrossiscono per l'imbarazzo, devi capire cosa fare dopo. Potresti urlare per la frustrazione, cosa che senti fortemente il bisogno di fare. Potresti andartene e rifiutarti di parlare di nuovo con la persona a cui volevi chiedere di uscire perché sei così imbarazzato, ma così facendo farai solo del male. Potresti provare un numero infinito di cose diverse, e hai bisogno di capire cosa fare dopo, e velocemente. Come si fa?

Questa è una decisione che sarà presa tenendo conto della vostra intelligenza emotiva. Se non sei particolarmente intelligente dal punto di vista emotivo, è probabile che tu rifiuti l'idea di fare qualsiasi tipo di scena che sarebbe problematica per le tue possibilità di ottenere un appuntamento. È anche improbabile che tu faccia qualcosa che sarebbe imbarazzante. È più probabile che tu scelga di riorganizzarti e provare di nuovo perché sei investito nel fatto che la relazione funzioni. Tuttavia, quanto è probabile che le altre persone facciano lo stesso?

L'intelligenza emotiva ha un impatto su tutto. Poiché le emozioni guidano quasi tutto ciò che facciamo, in agguato nel subconscio con la nostra mente che ci dice cosa fare e non fare attraverso gli impulsi, l'intelligenza emotiva è vitale per ogni decisione che prendete. È probabile che vi comportiate in modo impulsivo? Probabilmente non avete un buon autocontrollo o capacità di autoregolazione, che sono una componente importante dell'intelligenza emotiva. È probabile che cerchiate di compiacere la gente, anche se questo significa che non soddisfate i vostri bisogni? Potreste essere portati a dire che sareste incredibilmente intelligenti dal punto di vista emotivo, perché aiutare gli altri potrebbe essere visto come avere empatia, ma questo è in realtà un altro segno di mancanza. Siete troppo timidi per sforzarvi di avere i vostri bisogni soddisfatti e scegliete il disagio di non avere i vostri bisogni soddisfatti rispetto al disagio di dover affrontare una situazione potenzialmente difficile.

L'intelligenza emotiva nella vita reale

Nella vita reale, l'intelligenza emotiva ha diversi usi pratici. Si manifesta letteralmente in ogni interazione che si ha con altre persone. Anche quando si è da soli, l'intelligenza emotiva è direttamente collegata al modo in cui si gestiscono i problemi che sorgono o il modo in cui ci si vede.

Immaginate per un momento di essere in una relazione con qualcun altro. Voi siete abbastanza intelligenti emotivamente, ma il vostro partner non lo è. Voi e il vostro partner non siete d'accordo su qualcosa, e mentre voi siete disposti a dissentire e ad andare avanti, il vostro partner sembra sinceramente offeso dal disaccordo e sostiene che se non riuscite a cambiare la vostra mente e a capire come assimilare al meglio le opinioni del vostro partner, allora il vostro partner non pensa che la relazione sia fattibile a lungo termine. Questo è un esempio della differenza tra il modo in cui una persona con bassa e alta intelligenza emotiva gestirebbe quella situazione: quella con bassa IE pensa che la situazione sia del tutto inutile. Sono guidati dalle loro emozioni, e se le loro emozioni dicono loro che non possono essere in una relazione con qualcuno che non è d'accordo con loro, allora si rifiutano di fare esattamente questo. Non saranno in quella relazione semplicemente perché preferiscono servire se stessi piuttosto che l'altra parte. Hanno bisogno di un'armonia assoluta per sentire che la loro relazione è sicura. È realistico? Non proprio: le relazioni non sono mai perfette. Non ci sono due persone al mondo che avranno mai un matrimonio perfetto senza alcun conflitto.

L'intelligenza emotiva include diverse abilità molto importanti per funzionare bene come si suppone. Per essere emotivamente intelligente, devi essere in grado di essere consapevole di te stesso. Il partner dell'esempio precedente semplicemente non lo era. Il partner non era in grado di riconoscere che erano le emozioni ad offuscare la situazione e che la relazione non meritava di essere abbandonata solo per un piccolo disaccordo. Quando sei consapevole di te stesso, sai quando ti stai comportando in modo emotivo piuttosto che in un modo che dovrebbe essere favorevole al successo e alla felicità.

Oltre a questo, l'intelligenza emotiva comprende l'empatia - questo significa che userete l'intelligenza emotiva ogni singola volta che vi relazionerete con qualcun altro intorno a voi. Passerete quel tempo con altre persone e vi aspetterete con tutto il cuore che la situazione vada bene perché siete in grado di relazionarvi e comunicare. Tuttavia, quella capacità di relazione e comunicazione deriva direttamente dalla vostra capacità di essere emotivamente intelligenti. Considerate tutte le abilità sociali che usate regolarmente al di fuori dell'autoregolazione e dell'empatia. La tua capacità di persuadere gli altri è un tratto comune all'intelligenza emotiva. La vostra capacità di riconoscere le differenze tra le persone come intrinsecamente buone è un segno di intelligenza emotiva.

In sostanza, se sei una brava persona e la gente si diverte sinceramente con te, probabilmente sei emotivamente intelligente. Questo vi tornerà utile nelle vostre relazioni, al lavoro, quando affrontate i conflitti, e anche solo quando siete a casa e avete ricevuto una notizia deludente. Essendo emotivamente intelligente, è più probabile che siate più felici, a vostro agio e di successo nella maggior parte degli aspetti della vita.

La praticità dell'intelligenza emotiva

Questo ovviamente rende l'intelligenza emotiva incredibilmente pratica - se determina il successo in quasi tutti gli aspetti della tua vita, deve essere pratica in qualche modo, giusto?

Questo è esattamente vero.

L'intelligenza emotiva vi permette di fare diverse cose. Sarete in grado di esprimere voi stessi senza preoccuparvi di ciò che pensano gli altri - considerate come di solito, quando si incontra la resistenza di altre persone, può essere difficile esprimere il proprio disaccordo. Quando si è emotivamente intelligenti, non ci si preoccupa di questo perché si confida di avere il tatto per gestire la situazione in modo fluido ed efficace. Questo è un uso pratico: non dovete preoccuparvi delle conversazioni scomode.

È probabile che siate più resilienti quando siete emotivamente intelligenti, pensate al beneficio di questo per un momento. Questo significa che potete affrontare delusioni e problemi senza dare immediatamente di matto. Così tante persone in questi giorni non riescono a gestire lo stress di qualcosa che cambia o i piani che devono essere modificati, ma se siete emotivamente intelligenti, al di là di quella preoccupazione iniziale, scoprirete che il cambiamento non è così spaventoso dopo tutto. In effetti, il cambiamento è benvenuto. Se questo cambiamento arriva perché qualcosa che avete fatto è fallito, lo vedrete come l'opportunità perfetta per tentare di imparare da ciò che è andato storto la prima volta. Questo significa che imparerete legittimamente dai vostri errori invece di sentirli come la più grande delusione del mondo.

Forse l'abilità più pratica di tutte, tuttavia, non è la capacità di comunicare, o la capacità di affrontare il cambiamento e il fallimento, ma piuttosto, di essere un buon leader. L'intelligenza emotiva crea leader fantastici che sono in grado di prendere tutto in considerazione per capire come affrontare al meglio una situazione a portata di mano. Questo significa che se siete un buon leader, sarete in grado di prendere decisioni buone e chiare che sono nell'interesse di tutti, anche se non è necessariamente il percorso che voi stessi avreste scelto. Questo va bene - significa che state pensando attivamente al futuro delle vostre persone, e questo è ciò che vi rende un buon leader. Vi preoccupate sinceramente di coloro che lavorano con voi, e volete assicurarvi che tutti si prendano cura di voi.

Tratti dell'intelligenza emotiva

Ora, diamo un'occhiata a ciò che rende qualcuno emotivamente intelligente. Quali sono i tratti che possono essere usati per identificare se qualcuno è effettivamente intelligente emotivamente o semplicemente bravo a fingere le relazioni?

Le persone che sono altamente intelligenti emotivamente scoprono di essere spesso abbastanza competenti quando si tratta di qualsiasi cosa relativa alle emozioni. Sono in grado di capire le proprie emozioni, mentre riconoscono anche le emozioni degli altri. Sono in grado di relazionarsi con le altre persone e usare i propri sentimenti per aiutarle a capire, ma alla fine della giornata, non si arrendono ai loro sentimenti. Alla fine hanno il controllo, nonostante il fatto che i loro sentimenti possano essere incredibilmente convincenti.

Queste persone sono anche incredibilmente motivate e guidate - hanno una spinta intrinseca che altrimenti è rara. Sanno che possono realizzare quasi tutto, e cercheranno sempre di migliorarsi. Il successo è raramente il punto di arrivo per queste persone, e si sforzeranno sempre di migliorare, ma riconoscono anche che la perfezione è un'impossibilità. In effetti, inseguono un miglioramento pratico senza mai mirare all'impossibilità come fanno alcune persone senza intelligenza emotiva, come il narcisista.

Infine, una delle migliori abilità è in realtà una serie di abilità. L'individuo emotivamente intelligente è incredibilmente forte per quanto riguarda le abilità sociali. È in grado di regolarsi con facilità intorno alle altre persone e di comunicare come se fosse una seconda natura per lui, perché lo è. Anche se ci può essere voluto del tempo per costruire quell'intelligenza emotiva, con essa presente, diventa come una seconda natura per assicurarsi sempre che siano in grado di comunicare e interagire con facilità. Queste persone sono così brave ad interagire con gli altri che sembrano farsi degli amici e sviluppare un seguito ovunque vadano. Tutti vogliono riconoscerli e conoscerli, e il loro carisma sembra attrarre persone che vogliono aiutarli con facilità.

Capitolo 3: I Pilastri dell'Intelligenza Emotiva

Come accennato in precedenza, l'intelligenza emotiva si presenta sotto forma di quattro pilastri distinti: consapevolezza di sé, autogestione, consapevolezza sociale e gestione delle relazioni. Ognuno di questi pilastri contiene diverse altre abilità al loro interno che si uniscono, e quando si è in grado di assemblarli tutti in una persona, si finisce con qualcuno che è emotivamente intelligente.

Si può imparare a sviluppare ciascuna di queste competenze nel tempo, lavorando manualmente con loro fino a quando si è in grado di essere altrettanto intelligente emotivamente come quelli che sono nati con questo talento naturale. Tenete a mente, però, che per sviluppare questa abilità che ci vuole tempo ed energia. Non potete semplicemente fare due o tre attività veloci e dichiarare improvvisamente che siete emotivamente intelligenti. L'intelligenza emotiva è il culmine dello sviluppo di queste abilità, e questo culmine arriva solo se siete in grado di esercitare attivamente i muscoli dell'intelligenza emotiva. Potete quindi pensare alla vostra intelligenza emotiva come al vostro corpo: Se non ci lavorate per un po' e non gli date da mangiare altro che spazzatura, comincerà a fallire. Diventerete malsani. Tuttavia, questo non significa che dovete rimanere malsani. Proprio come potete stimolare il vostro corpo a perdere peso e costruire muscoli e salute del cuore, potete esercitare la vostra capacità di essere emotivamente intelligenti. Anche abilità come l'empatia possono essere sviluppate con relativa semplicità, se siete disposti a lavorare per farlo. Ora, ci prenderemo il tempo di esaminare ciascuno dei quattro pilastri dell'intelligenza emotiva, ciò che comportano, e le abilità più comuni che sono regolarmente raggruppate con loro. Mentre leggete questo capitolo, provate a pensare a voi stessi e a dove giocate in tutto questo. Sei emotivamente intelligente? Se no, cosa puoi fare per portarti a quel livello? Puoi capire dove sei carente? Cercate di auto-analizzarvi mentre analizziamo questo processo, e se vi aiuta, usate un quaderno per scrivere tutto ciò che vi viene in mente.

Consapevolezza di sé

L'autoconsapevolezza comprende la vostra capacità di sapere cosa sta succedendo a voi stessi in qualsiasi momento. In effetti, vi permette di conoscere il vostro stato attuale con un rapido controllo. In particolare, dovrete essere in grado di identificare il vostro stato emotivo, sapendo esattamente come vi sentite in un dato momento. Ricordate, dovreste conoscere l'emozione in modo più specifico che dire semplicemente che vi sentite bene o male - dovreste essere in grado di dire se bene o male è effettivamente felice, arrabbiato, infastidito, deluso, o qualsiasi altra cosa. Oltre alla semplice autoconsapevolezza emotiva, dovete anche essere in grado di eseguire quella che è conosciuta come un'accurata auto-valutazione - questa è la capacità di capire i vostri punti di forza e di debolezza in qualsiasi momento ed è un'abilità critica da avere. Quando siete in grado di fare un'accurata autovalutazione, state dichiarando di essere ben consapevoli delle vostre carenze e degli aspetti della vostra vita in cui potreste aver bisogno di aiuto. Ricordate, va bene avere bisogno di aiuto a volte, ma dovete sapere quando chiederlo.

Infine, l'autoconsapevolezza comprende anche l'abilità della fiducia in se stessi. Dovete essere in grado di fidarvi di voi stessi, sapendo che siete capaci. Nell'essere capaci, dovete essere disposti a dare il meglio di voi stessi. Comprendendo le proprie capacità e quanto bene si pensa di poterle fare, si è in grado di fare giudizi adeguati su ciò che è fattibile per voi e ciò che non potete fare. Non manca la fiducia in se stessi se si rifiuta un lavoro per motivi legittimi - se non si capisce come fare il lavoro, la cosa sicura da fare è rifiutare del tutto il lavoro perché si sa che non si è adatti e non ci si vergogna di ammetterlo.

Autogestione

La seconda serie di abilità coinvolte nell'intelligenza emotiva è conosciuta come autogestione. Questo comprenderà tutte le abilità che determinano quanto bene gestisci o controlli te stesso, incluso quanto bene rimani sul compito o se sei in grado di portare a termine qualcosa in primo luogo.

Quelli con un alto livello di autogestione sono abbastanza autocontrollati - riconoscono che la loro maturità emotiva è critica e sono in grado di controllare quei sentimenti e di esprimerli in modi appropriati in ambienti appropriati. Questo è fondamentale: significa che state attivamente facendo un punto per prendere decisioni che vi impediranno di comportarvi impulsivamente. Oltre a questo, siete anche abbastanza orientati agli obiettivi. Sapendo che avete bisogno di raggiungere degli obiettivi, siete in grado di assicurarvi che state sempre lavorando per raggiungerli. Capite il valore degli obiettivi e li sfruttate attivamente ogni volta che è possibile. Questa abilità è inestimabile: significa che siete regolarmente in grado di tenervi in pista e abbastanza organizzati per capire come arrivarci.

Inoltre, l'orientamento agli obiettivi si accompagna alla capacità di essere motivati. Avete l'iniziativa di andare avanti, anche quando non vi viene richiesto. Andrete avanti semplicemente perché volete continuare a migliorarvi in ogni modo possibile. Siete anche abbastanza trasparenti quando siete un self-manager: siete onesti con tutti quelli che vi circondano, anche quando questo implica dire alle persone che avete effettivamente fallito. Sbaglierete sempre dalla parte dell'onestà piuttosto che cercare di evitare di infastidire gli altri con bugie e mezze verità destinate a mascherare i vostri fallimenti. Preferite di gran lunga prendervi la colpa quando è necessario per assicurarvi di agire con integrità. Questo, tuttavia, porta con sé anche un senso di ottimismo. Quando sapete che sarete onesti con il vostro lavoro e con chi vi circonda, potete ammettere quando le cose vanno male e agire di conseguenza. Poiché si è motivati a continuare a lavorare e ad andare avanti, si scopre che l'ottimismo arriva facilmente.

Consapevolezza sociale

Il terzo pilastro dell'intelligenza emotiva è la consapevolezza sociale. Questa è la vostra capacità di capire gli stati emotivi delle altre persone proprio come siete stati in grado di imparare i vostri. In effetti, è la consapevolezza di sé con un po' di empatia per permettere a quei sentimenti di comprensione di estendersi anche ad altre persone. Dopo tutto, l'intelligenza emotiva è un'abilità sociale.

L'abilità primaria della consapevolezza sociale è l'empatia. È la capacità di creare connessioni con altre persone in un modo che permette di capire le emozioni degli altri. Più specificamente, in questa fase, si sta sviluppando un senso di empatia emotiva e cognitiva, il che significa che si è in grado di sviluppare una comprensione di ciò che è come un concetto, mentre si è anche in grado di relazionarsi con il sentimento come bene.

Le persone con un'alta consapevolezza sociale tendono anche a sviluppare quello che viene comunemente chiamato orientamento al servizio. Questo è quasi come essere una persona che piace alla gente, ma senza la connotazione negativa. Quando siete in grado di sviluppare questo orientamento al servizio, scoprirete che siete sempre felici e disposti ad aiutare a contribuire. Volete assicurarvi che quelli intorno a voi che dipendono da voi in qualche modo per qualsiasi cosa siano curati. Pensate a come quando andate al ristorante, il lavoro del cameriere è quello di assicurarsi che abbiate tutto ciò di cui avete bisogno - egli facilita la vostra capacità di godere di un buon pasto. Ti fa sedere e prende le tue ordinazioni. Ti porta da bere e consegna i tuoi ordini al cuoco. Si assicura che tu riceva tutti i tuoi ordini e si assicura che tutto sia esattamente come volevi che fosse, e infine, ti aiuta a pagare e pulisce subito dopo. Questo è un orientamento al servizio: è lì per servire. Quando si è emotivamente intelligenti, si sviluppa una disposizione simile ad aiutare le altre persone. Scoprirete che aiutare gli altri viene naturale e che volete sempre facilitare il successo degli altri. Farete tutto il possibile per assicurarvi che gli altri siano ben curati e felici.

Infine, quando avete un solido senso di consapevolezza sociale, siete inclini a riconoscere la consapevolezza organizzativa. Questa è la vostra capacità di giudicare accuratamente le persone con cui state parlando e di graduare il vostro uso del linguaggio in modo appropriato. Per esempio, immaginate di parlare alla gente di sicurezza stradale. Avrete una conversazione molto diversa con i bambini di 5 anni sulla sicurezza stradale rispetto a quella che avreste con un gruppo di adulti, e per una buona ragione - quando avete quella conversazione con i bambini, non solo la loro comprensione della sicurezza è completamente diversa semplicemente perché sono più giovani, ma non stanno nemmeno per guidare una macchina. Un discorso con i bambini sulla sicurezza stradale comprenderebbe principalmente una discussione su come assicurare che i bambini stiano fuori dalla strada e non attraversino la strada senza un adulto o un genitore che li faciliti. Con gli adulti, invece, si potrebbe parlare di cosa fare in caso di maltempo - molte persone non sanno come guidare efficacemente sulla neve, per esempio. Puoi informare le persone che quello che devono fare è procurarsi catene o pneumatici da neve o spiegare che in certe condizioni atmosferiche è del tutto accettabile rallentare significativamente per assicurarsi di essere al sicuro sulla strada mentre si guida. La capacità di capire come scalare il tuo discorso al pubblico di riferimento è fondamentale.

Gestione delle relazioni

L'ultimo pilastro dell'intelligenza emotiva è la gestione delle relazioni. Questa è effettivamente la vostra capacità di gestire e facilitare le relazioni tra le altre persone. Riconoscerete effettivamente queste abilità come le abilità di leader ideali in qualcun altro. Quando si è efficaci come leader, queste tendono a venire naturalmente come risultato.

La prima sottoabilità della gestione delle relazioni è diventare un leader ispiratore. Questo può assumere diverse forme - solo perché siete ispiratori non significa che dovete essere nel ruolo più autorevole della gerarchia. Si può raggiungere questa abilità semplicemente modellando i comportamenti corretti. Mostrate di essere un buon mentore a cui le persone possono rivolgersi quando sono in dubbio o preoccupate di non sapere cosa stanno facendo, e potete aiutarle a facilitare.

Oltre a questo, siete anche destinati ad essere piuttosto influenti. In particolare, sarete incredibilmente abili quando si tratta di influenza e persuasione senza manipolare attivamente gli altri. Avrete un tale modo con le parole che sarete in grado di motivare in modo efficiente e chiaro coloro che vi circondano solo con le vostre parole. Non avete bisogno di fare grandi promesse o tentare di convincere gli altri di ciò che volete che facciano - potete semplicemente farglielo fare.

Oltre alla capacità di motivare con facilità, scoprirete che diventate anche incredibilmente abili nel mitigare i conflitti. Siete in grado di fermarli prima che inizino, ma anche di aiutare a risolvere le controversie che sorgono. Poiché siete così abili a guardare le altre persone e come interagiscono tra loro, siete in grado di capire come migliorare le relazioni e siete abbastanza abili a mettere insieme squadre di persone che si completano abbastanza bene.

Mentre risolvete i conflitti, potreste anche imbattervi in situazioni in cui avete bisogno di creare un cambiamento, e siete disposti a fare esattamente questo. In effetti, siete più che felici di fare esattamente questo, e lo fate regolarmente. Se sentite che il cambiamento è giustificato, vi sforzerete di farlo accadere, anche se si tratta di un'opinione impopolare o se le altre persone sembrano guardarvi dall'alto in basso per avere quell'opinione in primo luogo.

Infine, siete abili nel gestire e guidare i team. Sei in grado non solo di vedere come meglio aiutare gli altri a realizzare che possono e devono lavorare insieme per vedere davvero i migliori benefici, ma ora riconosci anche che ci sono modi per assemblare i tuoi gruppi che tireranno fuori il meglio da tutti. Non solo, sei disposto a lavorare anche con loro. Nessun lavoro è al di sotto di voi quando siete emotivamente intelligenti, e siete disposti a fare qualsiasi cosa se deve essere fatta. Siete sempre felici di essere un giocatore di squadra.

Intelligenza emotiva ed empatia

Anche se non è uno dei quattro pilastri chiave dell'intelligenza emotiva, l'empatia merita una sezione tutta sua per un adeguato riconoscimento. Quando si è empatici, si è effettivamente in grado di capire e relazionarsi con le altre persone con facilità. Scoprirete di non avere difficoltà a capire come raggiungere al meglio le altre persone e scoprirete di essere regolarmente motivati ad aiutare. Questa motivazione ad aiutare viene dall'empatia.

All'interno dell'empatia, quando si diventa capaci sia di empatia emotiva che di empatia cognitiva, di solito si sviluppa quella che è conosciuta come empatia compassionevole.

L'empatia compassionevole è la vostra capacità di riconoscere ciò di cui gli altri hanno bisogno e di sentire il bisogno di aiutare a soddisfare quel bisogno, se possibile. In effetti, se sapete che qualcun altro sta lottando intorno a voi, siete in grado di relazionarvi con loro. Non importa quale sia la lotta; sentite di potervi relazionare, e poiché potete relazionarvi, volete aiutarli in qualche modo. Quell'aiuto può essere dare cibo o soldi al senzatetto che vedi sul lato della strada. Potrebbe essere chiamare un'amica e offrirle di fare da babysitter per il fine settimana, perché si vede quanto sia oberata di lavoro in questo momento. Potrebbe anche essere organizzare una raccolta di fondi e un pasto per qualcuno che sta attraversando un evento medico importante senza che lui lo sappia.

Quando hai un'empatia compassionevole, non ti interessa cosa devi fare - vuoi semplicemente aiutare le altre persone, e usi il dono dell'empatia per fare proprio questo. Questa è una caratteristica che definisce l'essere altamente intelligente dal punto di vista emotivo. Nei pilastri inferiori, può essere comune per le persone capire un po' cosa sta provando qualcun altro o perché i suoi sentimenti sono importanti, ma ci vuole una vera intelligenza emotiva perché l'empatia compassionevole inizi a svilupparsi.

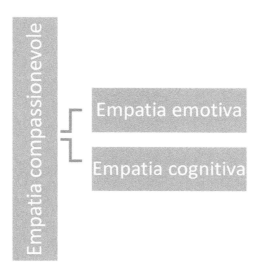

Capitolo 4: Cos'è la PNL?

Avete mai fatto lo sforzo di cercare di comunicare con qualcuno che non parla la vostra stessa lingua? Forse voi parlate inglese e l'altra persona parla cinese. La persona che parla cinese sta gesticolando disperatamente per qualcosa, ma tu non sai assolutamente di cosa ha bisogno. Gesticolano freneticamente, ma tu non riesci mai a capirlo. Fai molte ipotesi: offri un telefono e loro scuotono la testa. Offri l'acqua e loro scuotono la testa. Non importa cosa offrite, l'altra persona diventa sempre più seccata o frustrata perché non riesce a comunicare con voi. Alla fine, l'altra persona se ne va come una furia senza aver mai ottenuto quello che provava a comunicarvi e voi rimanete a chiedervi cosa fosse ciò di cui aveva così disperatamente bisogno.. Ora, immaginate lo stesso scambio, ma voi siete sia l'inglese che il cinese: una metà di voi parla solo in inglese mentre l'altra cerca disperatamente di comunicare in cinese. Nessuna delle due parti è in grado di comunicare con l'altra, ed entrambe finiscono per essere disarticolate, frustrate e senza una comunicazione adeguata. Questo è in realtà ciò che accade nella vostra mente. La vostra mente cosciente pensa in un modo, e la mente inconscia pensa in modo completamente diverso. Potresti voler impostare una vita per essere felice e di successo, ma in realtà il tuo inconscio non ha mai ricevuto il messaggio. Di conseguenza, scopri che il tuo inconscio ti sabota continuamente. Le tue emozioni non sono in linea con i tuoi obiettivi. Il tuo linguaggio del corpo non si adatta. Semplicemente ti imbatti in una complicazione dopo l'altra, nonostante tu sappia cosa vuoi.

Tenete a mente che la vostra mente inconscia non è fatta per essere il vostro avversario. Non è qualcosa che deve essere domato o controllato. Piuttosto, è qualcosa da imbrigliare e lavorare in tandem. Tuttavia, questo significa che dovete imparare a comunicare con esso in modo appropriato. Se riuscite a capire il modo giusto di comunicare con quella parte inconscia di voi stessi, potete farla allineare con i vostri desideri e aspettative coscienti. Puoi fare in modo che ti aiuti a raggiungere i tuoi obiettivi. Non si tratta del fatto che il tuo inconscio sia fuori a colpirvi o a sovvertire i tuoi tentativi di felicità; si tratta del fatto che non sai come comunicare al meglio con la tua mente inconscia per ottenere ciò che vuoi.

Programmazione neurolinguistica

È qui che entra in gioco la programmazione neuro-linguistica. La PNL è progettata per aiutarvi a facilitare l'ottenimento dei risultati che volete e di cui avete bisogno. Ti aiuta a capire come meglio agire in modi che sono favorevoli al tuo successo. Coloro che praticano la PNL dicono che la mente inconscia è ciò che vi spinge a raggiungere i vostri obiettivi, a condizione che siate in grado di comunicare questi obiettivi in modo efficace. La PNL riconosce che sia la mente conscia che quella inconscia sono importanti e soddisfano i propri ruoli.

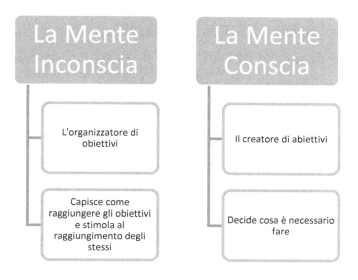

La PNL aiuta a colmare questo divario tra i due, agendo come una sorta di traduttore, in modo che i vostri desideri coscienti siano comunicati alla mente inconscia, al fine di garantire che la vostra mente lavori insieme piuttosto che contro l'altra. Lavorando insieme, scoprirete che avete molte più probabilità di vedere i risultati desiderati semplicemente perché non vi imbattete nel problema di far scontrare le due parti della vostra mente. In effetti, l'elaborazione neuro-linguistica è un metodo per imparare a comunicare con l'inconscio. State imparando a diventare fluenti nel metodo di comunicazione della vostra mente inconscia in modo da poterle finalmente dire ciò che volete. Permette questa comunicazione con te stesso, ma facilita anche la comunicazione con gli altri. Questo significa che puoi usare i processi appresi durante la pratica della PNL per comunicare anche con le menti inconsce degli altri. È possibile impiantare pensieri, facilitare comportamenti e incoraggiare cambiamenti negli stili di vita, il tutto imparando come attingere alle menti inconsce degli altri.

Anche se questo può sembrare manipolativo, in realtà si vedono persone che pagano altri per dare loro il trattamento PNL. La gente pagherà gli operatori per aiutarli a superare fobie o cattive abitudini. Si può insegnare alle persone a superare le emozioni, a creare nuovi metodi di coping, e altro ancora, tutto interagendo con qualcuno fluente nella PNL.

Per esempio, immagina di avere una grave ansia perché, da bambino, durante una presentazione, avevi davvero bisogno di andare in bagno. Non potevi andare prima della presentazione, e mentre la facevi, hai accidentalmente avuto un incidente. Tutti hanno riso di te, e da allora, sei stato terrorizzato dal partecipare alle presentazioni. Stare di fronte a una folla è diventato qualcosa che non riuscivi a fare. Hai fallito diversi compiti per tutta la scuola perché semplicemente ti rifiutavi di presentare. Avresti fatto il lavoro, ma non saresti andato a presentarlo. Ovviamente, ci sono molti lavori in cui non dovreste mai stare di fronte a una folla, ma se vi capitasse di scegliere un lavoro che vi mettesse regolarmente di fronte a persone per consegnare relazioni, potreste scoprire che fate fatica. Sai che non sei più un bambino e che, realisticamente, non te la faresti più addosso tanto presto, ma non riesci a superare quella sensazione di essere deriso e inorridito.

Come soluzione, potresti aver parlato con un operatore di PNL. L'operatore avrebbe accesso a diversi strumenti che potrebbero aiutarvi ad elaborare quel trauma per superarlo. Potresti riformulare la situazione, imparando a riderci sopra invece di sentirti traumatizzato. Potreste imparare a creare ancore che vi faranno provare una sensazione completamente diversa quando andrete a presentare. Non importa il metodo, ci sono diversi strumenti che possono essere usati per aiutarvi a superare quel trauma.

Questo è solo un esempio di un momento in cui la PNL può essere usata come un beneficio. Tuttavia, può anche essere usata in modi che sono dannosi. I manipolatori amano gli strumenti della PNL perché garantiscono l'accesso alla mente inconscia. Il manipolatore può usare le tecniche della PNL per creare tendenze ad obbedire quasi senza pensieri. Possono creare tendenze a dare al manipolatore esattamente ciò che lui o lei vuole. Il manipolatore sarà in grado di comunicare con la mente inconscia senza mai far scattare gli allarmi della mente conscia. In effetti, il manipolatore è in grado di bypassare completamente il conscio e dire all'inconscio esattamente ciò che ci si aspetta - e l'inconscio si conformerà. Senza un modo chiaro di comunicare, l'individuo rimarrà frustrato, chiedendosi perché continua a comportarsi nel modo in cui si comporta senza una risposta chiara.

Le chiavi della PNL

Affinché la PNL sia efficace, ci sono alcuni passi che devono essere seguiti. Queste sono le chiavi della PNL che vi aiuteranno a capire come accedere alla mente.

A questo punto, ti viene mostrata una breve panoramica di ciò che deve accadere. Ci sono tecniche che useranno più o meno questi passi da sole e altri passi che cercheranno di cambiare un po' le cose. Tuttavia, al centro delle cose, questi devono avvenire. Questi tre step ovvero le chiavi per essere in grado di praticare la PNL, sono: essere in grado di esaminare e identificare le convinzioni, scegliere un'ancora appropriata, e poi impostare quell'ancora in modo efficiente.

Se riuscite a padroneggiare questi tre semplici passaggi, scoprirete che le tecniche più specifiche sembrano andare a posto con facilità. Sarete in grado di convincere le persone a fare quasi tutto, semplicemente sapendo come entrare nella mente dell'altra persona. Questo è uno sforzo strategico, ma una volta che sarete in grado di seguire questa strategia, scoprirete che il controllo che potete esercitare sia su voi stessi che sugli altri intorno a voi è molto più di quanto abbiate mai avuto accesso prima. Diventerete il padrone del vostro comportamento, mentre avrete anche il potere e l'accesso alle altre persone per essere un dominatore anche su di loro. Puoi usare efficacemente queste tecniche e strategie PNL per capire come vincere al meglio la partita lunga.

Esaminare le credenze

In primo luogo, si tratta di capire le informazioni a portata di mano. Questo è il momento in cui iniziate a mettere insieme ciò che voi o l'altra persona pensate o sentite intorno a un certo evento o situazione. Potreste scoprire che l'altra persona è molto ansiosa di socializzare e di stare di fronte alla folla. Quando si trova di fronte a una folla, tende a sciogliersi e a dare di matto. Voi lo sapete e lo riconoscete.

Esaminerete le convinzioni per capire perché si sente così. In questo caso, potrebbe ricollegarsi a quell'unico incidente di esseresi bagnata davanti a una folla e poi essere mortificata ogni volta che è sotto esame pubblico. Se state tentando di usare la PNL su voi stessi, che è una tecnica valida che molte persone useranno, potreste prendere questo tempo per identificare l'emozione che avete e che vorreste non fosse problematica. Potreste scoprire che tendete a sentirvi arrabbiati durante certe situazioni, e a causa di questa rabbia, lottate per comunicare efficacemente con le altre persone. Questa mancanza di comunicazione di solito ha lo sfortunato risultato di causare problemi nelle vostre relazioni. Identificando questi sentimenti, scoprirete che potete capire dove sta il problema. Nel capirli, potete iniziare a capire come meglio indirizzarli e distruggerli. Nella PNL, questo processo di solito comporta l'uso di ancore - punti che sono direttamente collegati ad un certo evento o sentimento. Un'ancora per il vostro stress, per esempio, forse vi mangiate le unghie per abitudine, ma dopo una vita passata a mangiarvi le unghie quando siete sotto stress, il solo atto di mangiarsi le unghie distrattamente può far sì che la vostra ansia cominci ad aumentare.

Scegli un'ancora

Sapendo che sarete già sotto l'influenza di diverse ancore, certe situazioni o azioni che vi fanno sentire una certa emozione, è il momento di capire quali ancore ed emozioni potete usare per superare il problema. Se sapete di avere un problema di rabbia, potete fare lo sforzo di imparare a combattere quel problema di rabbia innescando invece nuove emozioni. Ogni volta che vi sentite arrabbiati, fate in modo di innescare la vostra ancora, e questo vi farà sentire qualcos'altro.

In effetti, se avete familiarità con la psicologia di base, state condizionando voi stessi. Vi state effettivamente allenando ad agire in un certo modo in risposta a certe situazioni, e così facendo, siete in grado di assicurarvi di poter superare i sentimenti negativi che vi trattengono. Se avete cattive abitudini in relazione alle vostre emozioni, potete iniziare a contrastarle. Potete capire come creare nuove e più sane abitudini che vi spingano a comportarvi in modi nuovi e più sani. Potete capire come proteggervi al meglio dalle vostre emozioni negative in modo da poter guarire e andare avanti nella vita.

La vostra nuova ancora può essere praticamente qualsiasi cosa. Potresti usare un'affermazione o una parola che ripeti a te stesso per aiutarti a tenerti sotto controllo. Potrebbe essere un movimento o un'azione che usi per ricordarti di rimanere sotto controllo, come ad esempio schioccare il polso con un elastico ogni volta che scopri che la tua rabbia ti sta sfuggendo di mano. Potrebbe essere un profumo che ti fa sentire sicuro. Può anche essere un certo pensiero o ricordo a cui si ritorna nei momenti di difficoltà.

Quando scegliete un'ancora, volete essere sicuri che sia qualcosa a cui potete accedere regolarmente per avere il massimo impatto. Può essere meglio servita con una breve frase che usate o un movimento delle vostre mani. Questo è qualcosa che potete fare sottilmente e in qualsiasi momento.

Impostare un'ancora

Infine, devi capire come impostare la tua ancora. Qui è dove si vede la maggior deviazione nei vostri comportamenti e tecniche. Ci sono diversi metodi che possono essere usati per stabilire un buon punto di ancoraggio per voi o per quelli intorno a voi, e come decidete di farlo dipenderà in gran parte da ciò che sperate di fare e da come vi state comportando. Potete scegliere di usare la visualizzazione se state lavorando con qualcuno intenzionalmente, con l'altra persona che sa cosa state facendo. Potete scegliere di usare qualcosa di più sulla linea del rispecchiamento e della mimica sottile e degli inneschi emozionali se volete essere completamente inosservati. Si può scegliere di fare qualcosa come riorganizzare intenzionalmente un ricordo da negativo e traumatico in qualcosa di divertente se si vuole cambiare il proprio modo di pensare e la propria reazione emotiva. In definitiva, il metodo che si sceglie sarà in gran parte soggetto a chi si sta tentando di persuadere e come si vuole andare avanti.

Se volete fare in modo, per esempio, di persuadere uno sconosciuto a comprare qualcosa che volete, potete fare in modo di innescare una relazione di rispecchiamento - non preoccupatevi se non sapete come farlo. Se ne parlerà nel capitolo 8. Da lì, potete sottilmente influenzarlo ad annuire con la testa annuendo con la vostra, rendendo la mentalità dell'altra persona molto più probabile che sia d'accordo, e portando l'altra persona ad essere influenzata ad annuire con voi senza mai rendersi conto che avete influenzato e incoraggiato quella decisione.

Sia che vogliate controllare voi stessi o qualcun altro, vorrete sempre scegliere un'ancora che sia semplice e facilmente implementabile, ma non così comune da essere attivata casualmente da estranei nel corso della giornata. Mentre probabilmente indurre qualcuno a fare una certa faccia ogni volta che fate un movimento molto specifico e comune, come dare un pollice in su, non sarebbe particolarmente gentile o etico farlo. Inneschereste l'altra persona in un modo che sarà probabilmente distraente e problematico. Dopotutto, nessuno vuole essere deriso ogni volta che dà un pollice in su a qualcun altro.

La storia della PNL

La PNL, come quasi tutte le tecniche psicologiche, è cambiata drasticamente dalla creazione a ciò che si conosce e vede oggi.

Mentre la radice è ancora la stessa, ci sono modi diversi in cui i pensieri e le tecniche sono approcciati ora rispetto a ciò che si vedeva quando è stata fondata negli anni '70. Questo capitolo vi fornirà una breve panoramica di come la PNL è cambiata e cosa potete aspettarvi se doveste usare la PNL oggi. In definitiva, si può pensare alla PNL come ciò che era durante la creazione e all'interno delle quattro ondate della PNL.

La creazione della PNL

Creato nel 1972 da due psicoterapeuti di nome Richard Bandler e John Grinder, questo processo è stato originariamente progettato per modellare diversi altri processi terapeutici. In particolare, faceva riferimento e si sviluppava da tecniche come la terapia della gestalt, l'ipnoterapia e la terapia familiare sistemica. Tutti questi si sono uniti per creare un approccio che avrebbe affrontato due cose specifiche: perché gli psicoterapeuti sono speciali o abili nell'influenzare gli altri? Come può questa specialità essere trasferita ad altre persone normali senza alcuna formazione formale in psicologia?

Questi due pensieri hanno poi innescato l'inizio dello sviluppo della PNL. In particolare, si insegnava alle persone a guardare ciascuno dei processi di psicoterapia sopra citati. Bandler e Grinder attinsero da queste diverse forme di psicoterapia e tirarono fuori qualsiasi processo o tecnica che pensavano fosse critica nel rendere il terapeuta così potente. Hanno identificato gli schemi di comunicazione e gli atteggiamenti e sono stati in grado di creare e costruire una lista di tecniche e credenze attingendo da quelle forme di psicoterapia. Così è nata la PNL.

La PNL è esistita principalmente in quattro ondate specifiche, durante le quali diversi aspetti sono stati focalizzati o sviluppati. Queste quattro onde sono importanti da capire per comprendere veramente ciò che la PNL era e ciò che è diventata.

- **Onda 1: PNL pura**: Nella prima ondata della PNL, si vede la PNL originale come sviluppata da Bandler e Grinder. Questa è la forma più pura, durante la quale il successo e l'entusiasmo erano i fattori più importanti che venivano spinti.
- **Onda 2: PNLt**: Nella seconda ondata, si vede la PNL usata come applicazione in psicoterapia. È comunemente chiamata psicoterapia neuro-linguistica, ed è iniziata nel 1989. Si trattava di fare in modo che le persone avessero un approccio e una visione sana e felice della vita.
- **Onda 3: NLPeace**: Questa terza ondata, NLPeace, nata nel 1992, con un focus sulla spiritualità. Invece di concentrarsi su come fissare la mente stessa, si concentrava su come trovare il significato della vita e capire come connettersi spiritualmente.

- **Onda 4: PNLsy**: Infine, la quarta ondata comprende l'uso dell'elaborazione neuro-linguistica come forma di psicologia. A partire dal 2006 è stato utilizzato per identificare i modelli psicologici. Richiede un master in psicologia, per un'abilitazione a praticare la psicoterapia, e anche un'abilitazione alla formazione di master PNL. In effetti, quando si vede qualcuno che pratica la PNL, si sa che sono passati attraverso anni di formazione per essere il più efficace possibile quando si tratta di offrire un trattamento.

Quando cerchi un trattamento di PNL da un professionista, probabilmente affronterai qualcuno che è addestrato nella quarta onda di PNL. Questo è un bene - sono autorizzati ad aiutarvi e possono permettervi di essere il più sano che voi potete essere. Tuttavia, ricorda che la PNL stessa è stata progettata per essere accessibile anche alla persona media. Mentre non siete qualificati per fare diagnosi alle persone se non siete andati a scuola per essere autorizzati a farlo, sarete comunque in grado di sviluppare un'affinità per diversi processi PNL in modo da poterli usare efficacemente e in modi che sapete essere benefici per gli altri intorno a voi o per voi stessi.

Capitolo 5: Principi di Base della PNL per Migliorare la Vita

Prima di addentrarsi veramente nei processi della PNL e di come potete utilizzarli, è importante riconoscere che ci sono diversi principi che dovrete tenere a mente. Quando si desidera utilizzare la PNL, è necessario soddisfare questi principi se si vuole essere in grado di avere successo. Dopo tutto, accedere alle menti inconsce degli altri richiederà che siate pazienti, flessibili e disposti a spendere il tempo necessario per farlo in modo efficace. Avrete bisogno di avere un piano chiaro pronto per voi stessi in modo da poter affrontare attivamente e vivere secondo le regole che state cercando di utilizzare.

Pensate a questi come ai vostri processi guida che vi aiuteranno a fare in modo che siate in grado di usare la PNL. Questi saranno i vostri principi fondanti che vivrete se volete essere in grado di attingere all'inconscio. Questi ti guideranno per avere successo, sia che tu voglia migliorare la tua vita o convincere qualcun altro a fare qualcosa di specifico. Non importa cosa sceglierete di fare, sarete in grado di farlo, se terrete a mente questi passaggi.

In particolare, gli step che saranno affrontati qui sono: essere in grado di conoscere il tuo risultato, agire, mantenere l'acutezza sensoriale, avere flessibilità, e vivere secondo una fisiologia di eccellenza. Con questi cinque principi, la PNL avrà successo per voi. Questo capitolo vi guiderà attraverso l'apprendimento di come utilizzare questi principi nella vostra vita. Sarete in grado di aiutare voi stessi. Sarete in grado di aiutare gli altri. Soprattutto, sarete in grado di essere efficaci e di successo.

Conoscere il tuo risultato

Il primo e più importante punto di partenza quando si tenta di vivere con l'utilizzo della PNL è conoscere il tuo risultato. Questo è capire esattamente cosa volete, come lo otterrete, e perché lo volete. Se non sapete qual è il risultato che volete, come potete sperare di raggiungerlo? Se non sai che vuoi essere un avvocato, per esempio, puoi ragionevolmente aspettarti di frequentare la facoltà di legge e accumulare tutti quei debiti, solo per scoprire dopo che la legge era la tua passione? Nessuno sano di mente si iscriverebbe mai alla facoltà di legge senza sapere di voler essere un avvocato o che il suo vero obiettivo nella vita fosse quello di essere un avvocato. Le persone possono frequentare la scuola di legge perché è stato detto loro per tutta la vita che avrebbero dovuto frequentare la scuola di legge, ma anche quelle persone sono cresciute con l'aspettativa di essere un avvocato. Nessuno va alla scuola di legge senza l'aspettativa o il desiderio di diventare quella persona.

Proprio come nessuno si aspetterebbe mai che tu debba conoscere il tuo risultato e i tuoi desideri se vuoi avere successo. Devi capire esattamente cosa vuoi nella vita in modo da poter capire come ottenerlo. Vuoi essere ricco? Vuoi trovare l'amore? Forse vuoi essere un genitore o vuoi diventare un vigile del fuoco. Non importa quale sia il sogno, devi saperlo e vocalizzarlo a te stesso se vuoi che diventi realtà. Se vuoi essere ricco, puoi dirlo a te stesso. Se vuoi essere felice, puoi dirti anche questo. Quale sia il tuo obiettivo nella vita non è tanto importante quanto sapere qual è quell'obiettivo. Questa conoscenza è potere e ti aiuterà durante il tuo processo.

Se stai usando la PNL per altre persone, potresti voler sapere qual è il tuo obiettivo finale per quella persona. Vuoi che siano felici? Vuoi che comprino la macchina che stai vendendo? Forse volete che rompa con il suo partner narcisista. Non importa cos'è che vuoi, devi sapere cos'è se speri di farlo accadere.

Una volta che sapete cosa volete, è il momento di formularlo in modo da poter agire su di esso. Questo è effettivamente trovare un modo per strutturare i tuoi desideri in modo da poter agire su di essi. Quando fate questo, dovete soddisfare certi criteri specifici per assicurarvi che il risultato sia ben formato. Questo è un modo fantasioso per dire che se volete che il vostro obiettivo sia perseguibile e raggiungibile, dovete formularlo nel modo giusto. Questi criteri sono fondamentali per assicurarsi di essere in grado di agire di conseguenza. I criteri sono:

- **Orientato al positivo**: Il tuo obiettivo deve essere focalizzato su ciò che vuoi, non su ciò che vorresti evitare. Per esempio, devi affermare che vuoi trovare l'amore, invece di non voler essere più solo. Spostando questo in un positivo invece che in un negativo ti dà qualcosa per cui lavorare invece di qualcosa da evitare.

- **Sensoriale specifico**: Continuando lungo il percorso della PNL, comincerete a vedere che ogni metodo di influenza su qualcun altro, che sia su voi stessi o su qualcun altro, è sensoriale. Dovete capire a quali sensi vi rivolgerete e come quei sensi percepiranno quando avrete avuto successo nel raggiungere il vostro obiettivo. Forse questo sarà che avete un partner se il vostro obiettivo finale è trovare l'amore. Se volete vendere quell'auto, forse decidete che l'input sensoriale sarà avere in mano i documenti con le firme. Cercate di affrontare come ognuno dei vostri cinque sensi interagirà con il risultato quando sarà stato raggiunto. Questo vi aiuta ad essere in grado di visualizzare veramente ciò che volete.

- **Contestuale**: Questo implica assicurarsi di conoscere il contesto in cui avrete successo. State riconoscendo ciò che deve accadere se volete avere successo. Dove accadrà? Quando? Come? Con chi sarete? Quando conoscete il contesto di ciò che state cercando, sarete in grado di riconoscere ciò che dovete fare per impostare l'ambiente in modo appropriato per assicurarvi che vi accada di ottenere ciò che sperate di ottenere.

- **Auto-raggiungibile**: Dovete assicurarvi che l'obiettivo che volete sia uno di quelli che potete mettere in atto da soli senza l'influenza di altre persone. Potresti aver bisogno di assicurarti che altre persone stiano facendo qualcosa, ma puoi farlo tu? Devi avere accesso alle risorse di cui avrai bisogno per raggiungere il tuo obiettivo.

- **Ecologico**: Questo è semplice come porsi tre domande specifiche: È un bene per te? È un bene per le altre persone? È per il bene comune? Ricorda, la PNL è tutta incentrata sul miglioramento del mondo e di coloro che la usano. Mentre è spesso usata come strumento di manipolazione e controllo degli altri, non è sempre questa l'intenzione.

- **Vale la pena**: Infine, dovete assicurarvi che qualunque sia il risultato che state cercando di ottenere, valga la pena. È qualcosa che sarà effettivamente utile e positivo per voi? Non deve essere utile su base giornaliera, ma dovreste essere in grado di vedere del bene da qualsiasi cosa sia. Potresti aver migliorato la vita di altre persone, permettendo al tuo amico di non essere più terrorizzato dalla folla, il che indirettamente migliora la tua vita perché il tuo amico è più felice e più sano. D'altra parte, potreste affrontare direttamente un vostro problema nel tentativo di migliorare voi stessi, e anche questo va bene. Finché è efficace, direttamente o indirettamente, va bene lo stesso.

Passare all'azione

Il prossimo passo per assicurarsi di essere in grado di avere successo nell'uso della PNL è quello di passare all'azione. Questo è qualcosa che può sembrare buon senso, ma molte persone mancano completamente questo passo. Devi essere disposto ad agire se speri di vedere qualche risultato. Se volete assicurarvi di poter effettivamente cambiare la vostra vita o cambiare i comportamenti di qualcun altro, dovete trovare delle ragioni per lavorare o fare qualcosa.

Spesso, le persone cadono nella trappola dell'inazione - sentono che non possono avere successo, e quindi diventano vittime della procrastinazione. Tuttavia, questo è il tentativo della vostra mente di evitare l'azione per proteggervi dal fallimento. Quando ci si protegge in questo modo, è facile trovare delle scuse e comportarsi come se fosse successo per un motivo - ci si può dire che si è troppo stupidi per fare davvero la differenza, o che si fallirà anche se si prova.

Beh, indovinate un po': i fallimenti capitano. La gente fallisce sempre, ma questo non è intrinsecamente negativo. Quando si fallisce, si impara. Quando si impara, si diventa più preparati per il prossimo tentativo. Va bene fallire, fino a quando si impara da quel fallimento e non si lascia che sia esso a definirvi. In effetti, quindi, vuoi vivere imparando da quel fallimento e non lasciando che la paura del fallimento ti tenga bloccato nell'inazione.

Quando praticate la PNL, dovete agire. Se vi rifiutate di agire, non si fa nulla. Non cambia nulla. I comportamenti delle persone rimangono gli stessi. Si fallisce. La PNL non è passiva - richiede un'azione e uno sforzo costanti, e per questo motivo, dovete essere disposti a passare attraverso le mozioni e far accadere qualsiasi cosa vogliate.

Acutezza sensoriale

Successivamente, dovete imparare l'acutezza sensoriale: imparare a notare cambiamenti in tutto il linguaggio del corpo; ciò è necessario se si spera di essere in grado di utilizzare la PNL. La PNL consiste nell'essere in grado di guardare qualcun altro, capire la sua mentalità e i suoi processi, e poi usare quei processi per capire come influenzare anche la mente dell'altra persona.

Fermatevi a considerare per un momento che cos'è il linguaggio del corpo: si tratta di movimenti inconsci che sono progettati per trasmettere significati molto specifici. La vostra mente inconscia è in gran parte responsabile del vostro linguaggio del corpo: se siete ansiosi, il vostro linguaggio del corpo lo trasmetterà. Se sei felice, il tuo linguaggio del corpo lo trasmetterà. Questo significa che se imparate a leggere il linguaggio del corpo di qualcun altro, sarete in grado di leggere lo stato della sua mente inconscia. Questo perché il linguaggio del corpo e le azioni sono direttamente influenzati dai pensieri. Esistono all'interno di un ciclo: i pensieri influenzano i sentimenti e questi sentimenti influenzano il comportamento.

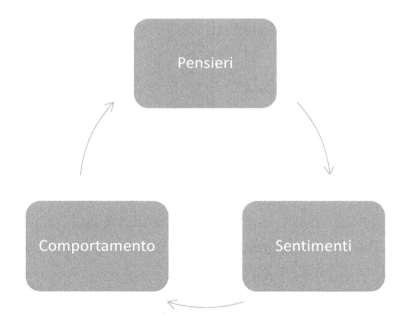

Effettivamente, quindi, puoi imparare a seguire i pensieri imparando a identificare il comportamento. Si può anche fare un ulteriore passo avanti imparando a cambiare i pensieri influenzando anche il comportamento.

Effettivamente, quindi, l'acutezza sensoriale è la capacità di concentrarsi interamente all'esterno. Pensate a quello che succede quasi sempre quando qualcuno vi sta raccontando una storia. Se non siete addestrati all'ascolto efficace, potreste fare in modo che vi vengano in mente costantemente degli argomenti che potete usare in risposta. Può sembrare che tu stia ascoltando, ma in realtà la tua mente è anche impegnata a cercare di trovare una sorta di reazione o di controargomentazione. Questo è problematico: non stai prestando abbastanza attenzione all'altra parte e corri dei seri rischi nel farlo. Tuttavia, si può imparare a sconfiggere questo. Potete imparare invece a concentrarvi interamente sull'ascolto. Quando vi concentrate sull'acutezza sensoriale, concentrandovi su ciò che l'altra persona sta facendo mentre parla, state prestando completa attenzione. Vedete tutti quei minuscoli spostamenti nel linguaggio del corpo. Vedete l'altra persona cambiare ciò che sta facendo in risposta a voi. Vedete quei sottili segni che possono tradire una bugia, o che dicono che l'altra persona è a disagio ed è disperata nel cercare di rimanere aperta nella comunicazione.

Effettivamente, quindi, devi imparare ad ascoltare sempre con attenzione. Devi imparare a riconoscere questi aspetti del linguaggio del corpo in modo da poterli usare come feedback per te stesso. Imparando a riconoscere il linguaggio del corpo, puoi effettivamente permetterti di rispondere in modo appropriato, o di raccogliere tutte quelle informazioni di cui avrai bisogno per avere successo nei tentativi di persuasione con la PNL.

Flessibilità comportamentale

Un altro aspetto importante della PNL è la flessibilità. La PNL non è una scienza esatta semplicemente perché non ci sono due persone uguali. Le persone sono complesse, e così anche le loro menti. Una persona può essere completamente a suo agio nel parlare di un problema personale, mentre l'altra è terrorizzata nel menzionare questioni simili. Potreste scoprire che alcune persone sono felici di assecondarvi senza resistenza, e altre sono completamente insensibili ai vostri tentativi di influenzarli.

Poiché non ci sono due menti uguali, dovete essere disposti ad impegnarvi in un po' di prove ed errori. Non potete semplicemente decidere di trovare un approccio unico per accedere alla mente degli altri: dovete essere disposti a prendere in considerazione diverse possibilità e a cambiare le cose quando incontrate un ostacolo.

Spesso le persone falliscono in questo - semplicemente si rifiutano ostinatamente di impegnarsi in qualcosa di diverso da ciò che hanno originariamente stabilito di fare, ma i risultati non cambiano mai. Se è fallito la prima e la seconda volta, perché pensate che lo stesso tentativo passerà la volta successiva? Se non provate mai qualcosa di diverso, il cambiamento non arriverà mai. Devi essere in grado di concentrarti sul cambiamento se vuoi avere successo nella PNL. Dovete essere flessibili nei vostri comportamenti. Dovete essere flessibili in ciò che siete disposti a provare.

Questo aiuta anche al di là dell'apprendimento della PNL - quando lo usi, stai effettivamente rendendo te stesso più flessibile in generale. Vi state insegnando ad affrontare il fallimento o l'inaspettato con facilità. Non avrai più paura di fallire o di sentirti come se non potessi provare altro. Vi aiuta a diventare più propensi al successo semplicemente perché siete disposti a uscire dalla vostra zona di comfort e a mescolare le cose quando è necessario. Se non siete disposti a fare concessioni o a cambiare i vostri migliori tentativi di affrontare una situazione, tutto ciò che farete sarà mantenervi ostinatamente radicati nel fallimento e nel controllo piuttosto che guardare le cose come un'opportunità di miglioramento.

Fisiologia dell'eccellenza

Infine, se vuoi avere successo nei tuoi sforzi con la PNL, devi essere in grado di operare da una posizione di salute. Devi sentirti fisicamente e mentalmente sano se speri di operare al meglio, il che significa che devi essere in grado di prenderti cura di te stesso. Non puoi prenderti cura degli altri se non puoi prenderti cura di te stesso, quindi devi essere disposto a mantenere quella fisiologia di eccellenza.

Proprio come vi viene detto che dovete mettervi la vostra maschera d'ossigeno prima di occuparvi dei vostri figli su un aereo, dovete essere disposti a prendervi cura di voi stessi prima di essere disposti ad affrontare i problemi del mondo. Dovete assicurarvi di essere sani. Questo significa che dovete impegnarvi nella cura di voi stessi. Dovete assicurarvi di essere in forma. Dovete assicurarvi di avere il giusto riposo per mantenervi.

In particolare, se vi accorgete che la vostra vita non vi sta dando l'eccellenza di cui avete bisogno o che non siete così sani come potreste essere, dovreste dedicare il tempo necessario per ottenerla. Potrebbe essere necessario utilizzare alcune delle tue tecniche PNL per raggiungere questo obiettivo, come ad esempio insegnare a te stesso ad essere più diligente circa il tuo sonno o il tuo regime di esercizio fisico o ricordare a te stesso di mangiare in modo sano. Tuttavia, lo devi a te stesso e a quelli intorno a te che contano su di te per mantenerti sano. Dopo tutto, non puoi concentrarti sull'altra persona se non ti senti bene.

Oltre ad essere nel vostro interesse, se siete in grado di assicurarvi di essere sani, lo farete anche con le persone con cui state. Se adottate il vostro stile di vita sano, è più probabile che le persone più vicine a voi comincino ad adattare alcune di queste tendenze anche per loro.

Capitolo 6: Controllo della Mente con la PNL

Con questa comprensione di cos'è la PNL e di come può influenzarti, è il momento di iniziare a capire alcune delle tecniche più comuni che puoi usare per controllare la mente degli altri. Puoi scegliere di controllare la tua mente, influenzando il tuo inconscio a comportarsi di conseguenza per assicurarti di poter ottenere ciò di cui hai bisogno, oppure puoi influenzare altre persone per aiutarle. Non importa chi state cercando di influenzare, sarete in grado di farlo con queste tecniche. Tenete a mente che alcune di queste possono richiedere una modifica tra l'uso per voi stessi e l'uso per qualcun altro.

Mentre leggete questo capitolo, sarete introdotti alla PNL e al controllo mentale - capirete perché funziona. Vi verrà mostrato come funziona la PNL per aiutare a controllare altre persone. Da lì, comincerai ad imparare come esercitare quel controllo anche su altre persone. Sarete guidati attraverso quattro distinte tattiche che potete usare per impiegare la PNL come strumento per influenzare gli altri. Come sempre, ricordate che la PNL è uno di quegli strumenti il cui valore e intento può cambiare completamente il significato. Se usate la PNL con l'intento di voler aiutare gli altri, è incredibilmente efficace.

Tuttavia, se volete usarla per manipolare o ferire gli altri, scoprirete che potete fare molto più male di quanto possiate pensare. Tenete a mente che giocare nella mente di qualcun altro, non importa quale sia la vostra intenzione, è qualcosa di pericoloso. Non è qualcosa da prendere alla leggera o da fare semplicemente per prendere in giro qualcuno. Dovreste essere molto ponderati nei vostri tentativi di controllare gli altri. Il libero arbitrio e la mente di qualcun altro sono molto personali e privati, e questa privacy merita di essere rispettata.

PNL per controllare le menti

In definitiva, la PNL è uno dei modi più efficaci per influenzare la mente di qualcun altro. Mentre non sarete in grado di dire semplicemente a qualcuno di fare qualcosa e fargli fare proprio quello o di usare la mente di qualcun altro con il vostro controllore per ottenere il controllo assoluto, siete in grado di influenzare pesantemente ciò che qualcuno è disposto a fare o ciò che è disposto a dire o a sopportare, il tutto imparando ad accedere alle loro menti e a innescarle per fare ciò che volete. Sarete effettivamente in grado di piantare pensieri nelle loro menti, facendoli combaciare perfettamente e ordinatamente come se fossero sempre stati destinati ad essere lì.

In effetti, quindi, questa è un'influenza incredibilmente potente: vi permetterà di far fare alle altre persone quasi tutto ciò che volete che facciano, se sapete cosa state facendo. Potete dissipare l'ansia, o potete usarlo per incutere paura per una morsa più stretta su qualcuno. Potete usarlo per liberare qualcuno dallo stress o per farlo sentire completamente impotente. Questo perché state accedendo alla mente inconscia.

La PNL è effettivamente una forma di ipnosi - stai delicatamente e segretamente cullando l'altra persona in uno stato di suggestione, durante il quale puoi bypassare la mente cosciente per installare i tuoi desideri in qualcun altro. Potete assicurarvi che l'altra persona sia disposta a pensare o sentire qualsiasi cosa vogliate che faccia, semplicemente assicurandovi di sapere cosa state facendo. Infatti, la gente ha usato queste tecniche per convincere le persone a fare quasi tutto. Tutto quello che dovete essere in grado di fare è cullarli in uno stato di rilassamento e fiducia. Infatti, una delle parti più importanti per poter installare un senso di fiducia non è in voi. Questo è noto come stabilire un rapporto con l'altra persona, e se riesci a farlo, puoi effettivamente ottenere l'accesso alla mente dell'altra persona. In definitiva, quando qualcuno si fida di te, non si guarderà attivamente da te o da quello che potresti fare. Questo è il motivo per cui sviluppare quel rapporto è così critico nella PNL. Quando qualcuno pratica la PNL, di solito passa un periodo di tempo a costruire quel rapporto in modo da essere in grado di attingere alla mente inconscia dell'altra persona. Sarete in grado di fare questo da soli se siete disposti a fare lo sforzo.

Rispecchiamento

Prima di tutto, è necessario costruire un rapporto, come detto. Il modo migliore per farlo è imparare a rispecchiare qualcuno. Il rispecchiamento è l'imitazione inconscia delle persone che ci sono vicine. Pensate a come, quando una persona sbadiglia, i suoi amici o membri della famiglia che sono presenti probabilmente sbadiglieranno pure: questa è una forma di rispecchiamento. Tuttavia, non si ferma qui. Quando due persone sono vicine emotivamente e si fidano veramente l'una dell'altra, scoprirete che i loro ritmi di respirazione si sincronizzano. Cammineranno insieme con gli stessi passi e lo stesso tempo. Naturalmente berranno un sorso alla stessa ora, o daranno un morso alla stessa ora se stanno mangiando insieme. Faranno gli stessi movimenti l'uno dell'altro - se uno si prude il naso, è probabile che anche l'altro lo faccia. Possono anche assumere le stesse pose l'uno dell'altro senza pensarci.

Questo è il rispecchiamento, ed è incredibilmente eloquente. Quando qualcuno sta rispecchiando qualcun altro, è perché è in grado di riconoscere che gli piace o si fida di quell'altra persona - che il rapporto è stato costruito e viene onorato. Se rispecchiate qualcun altro intorno a voi, è probabile che lo facciate perché sentite di potervi fidare di lui. Tuttavia, questo può richiedere molto tempo per costruirsi naturalmente. A meno che non ti sia capitato di avere una connessione istantanea con l'altra persona, è probabile che tu abbia bisogno di passare attraverso il processo di costruirla da solo. Puoi farlo con pochi semplici passi.

Creare una connessione | Seguire gli spunti verbali | Trovare il punteggiatore | Testare la connessione

Per prima cosa, devi creare una connessione con l'altra persona. Puoi farlo assicurandoti di guardarla direttamente - vuoi stabilire un contatto visivo e riconoscere direttamente l'altra persona. Puoi fare in modo di cogliere i loro sottili segnali - prova a sincronizzare anche il tuo respiro con quello dell'altra persona. Mentre li ascolti, vuoi fare un punto per annuire regolarmente con la testa - in particolare, vuoi fare il triplo cenno. Il triplo cenno dice all'altra persona tre cose: Stai ascoltando, hai capito e, soprattutto, sei d'accordo. A questo punto dovresti sentire che la relazione si costruisce naturalmente.

Poi, vuoi raccogliere i segnali verbali dell'altra persona. Anche se potreste iniziare imitando il loro linguaggio del corpo, questo tende a far suonare più campanelli d'allarme rispetto al semplice captare i modelli di discorso. Vorrai assicurarti di parlare allo stesso tono dell'altra persona e di seguire attivamente il suo ritmo e il suo entusiasmo. Facendo questo, scoprirete che l'altra persona continuerà più a lungo, specialmente se la riconoscerete con un triplo cenno del capo.

Infine, l'ultimo passo per sviluppare quella connessione di rispecchiamento è trovare il suo punteggiatore. Ognuno ne ha uno: può essere semplice come uno scuotimento delle sopracciglia quando si vuole sottolineare qualcosa. Può essere più complesso, come pompare un pugno in aria o inclinare la testa e sorridere quando si dice qualcosa che si vuole sottolineare. Tuttavia, identificare questo richiederà un po' di lavoro attivo da parte vostra. Devi essere disposto a fare lo sforzo di osservare le reazioni e le tendenze dell'altra persona per capire qual è il suo punteggiatore. Vuoi sapere cosa fanno in modo da poterlo imitare tu stesso.

Quando hai capito il loro punteggiatore, vuoi usarlo di nuovo la prossima volta che senti che è probabile che lo usino. Se senti che si stanno preparando a scuotere le sopracciglia verso di te, fallo per primo. Potrebbero non notarlo, ma probabilmente sorrideranno e continueranno a impegnarsi con voi. Sentiranno una connessione istantanea con te senza capire veramente perché, e questo va bene.

Ora, tutto quello che dovete fare è testare la connessione. Puoi farlo semplicemente spazzolandoti la spalla o facendo attivamente qualcos'altro nel tentativo di vedere se sono disposti a copiarti. Vuoi assicurarti che qualsiasi cosa tu scelga di fare sia relativamente sottile e che non sembri fuori luogo, ma deve anche essere qualcosa che pensi non sia casuale. Se ti seguono, sai che hai fatto bene il tuo lavoro e puoi andare avanti. In caso contrario, tornate all'inizio e riprovate. A volte, ci vuole un po' di tempo per convincere davvero qualcuno a fidarsi di te.

Ancoraggio

Una volta che avete costruito una connessione con qualcun altro, siete pronti a passare al tentativo effettivo di alterare la mente di qualcun altro. Uno dei modi migliori per farlo è attraverso l'ancoraggio: quando ancorate qualcuno a qualcosa, lo state preparando ad avere una reazione specifica ad uno stimolo molto specifico. Può essere che volete che cambi attivamente il loro umore quando fate qualcosa, o volete trovare un modo per fargli fare qualcosa in particolare in risposta alla loro ansia o sensazione negativa. Potete usare questo per rendere qualcuno più propenso a prendere una decisione positiva quando si sente fuori controllo, o potete farlo per fargli fare qualcosa di specifico per voi.

Una tattica comune dei manipolatori, per esempio, è quella di creare un innesco alla paura da un ancoraggio molto piccolo che è impercettibile - possono usare un leggero ma distinto movimento della mano al fine di far provare paura all'altra persona per tenerla sotto controllo. Tuttavia, può anche essere citato per prevenire cattive abitudini, come fumare o bere, o per essere un modo per far fronte all'ansia del momento.

L'ancoraggio è abbastanza semplice una volta che si è in grado di sviluppare un rapporto con un'altra persona. Tutto quello che dovete fare è capire i passi giusti e i sentimenti giusti da ancorare. Ci sono cinque semplici passi per ancorare qualcun altro ad un sentimento. Tenete a mente che ci vorrà del tempo - non potete semplicemente aspettarvi che qualcuno si ancori casualmente senza molto sforzo. State effettivamente condizionando qualcuno, probabilmente senza che ne sia consapevole, e questo richiede sforzo ed energia per rimanere inosservato. Senza ulteriori indugi, diamo un'occhiata ai cinque passi dell'ancoraggio di qualcun altro.

Passo 1: Scegliere un sentimento

Inizierete questo processo cercando di capire quale sentimento volete infondere in qualcun altro. Per lo scopo di questo processo, diciamo che vuoi far sentire la tua partner più sicura di sé, in modo che non abbia paura di chiedere ciò di cui ha bisogno quando ne ha bisogno. Sapete che lei lotta con questo e volete cambiarlo. Naturalmente, questa sensazione potrebbe essere qualsiasi cosa. Potreste scegliere di infondere ansia o rilassamento. Potresti scegliere la felicità o la tristezza. In definitiva, avete bisogno di trovare uno stimolo che funzioni per voi e per la vostra situazione.

Passo 2: Scegliere uno stimolo

Questo è un forma fantasiosa per dirvi di trovare un modo per installare quel particolare sentimento all'altra persona. Si può usare la narrazione per qualcun altro, raccontando un momento che riporta alla mente sensazioni di quel particolare sentimento che si vuole installare. Se vuoi che il tuo partner si senta sicuro di sé, potresti ricordare un periodo di tempo in cui era abbastanza sicuro di sé, descrivendolo fino a quando non vedi che sembra rivivere quella sensazione.

Passo 3: Scegliere un'ancora

Successivamente, dovete identificare l'ancora che userete. Può essere il tatto, la vista, l'olfatto, il gusto o il suono. La maggior parte delle volte, la vista è la più facile da instillare in qualcun altro, ma richiede comunque abbastanza vicinanza da poterla attivare quando ne hai bisogno. Cerca di capire cosa funziona meglio per te e per l'altra persona. Forse, in questo caso, scegliete di toccare in un punto specifico del polso che non viene comunemente toccato.

Passo 4: Innescare la sensazione

A questo punto, innescherete attivamente la sensazione che state ancorando. Puoi raccontare la storia durante la quale il tuo partner era fiducioso. Puoi dire cose che aiuteranno ad aumentare la fiducia del tuo partner, come offrire elogi sontuosi per la cena che è stata preparata, o sottolineare quanto è bella quel giorno. Vuoi che lei si senta sicura di sé, così puoi poi collegarla all'ancora. Si può fare in modo di farlo in diversi modi, diverse volte nel corso della giornata.

Passo 5: Collegare l'ancora

Infine, quando vedete che l'altra persona sta provando l'emozione che state cercando di ancorare, potete iniziare ad usare l'ancora che volete. Se avete scelto quel tocco veloce all'interno del polso del vostro partner, lo toccherete allora. Se avete scelto un'espressione facciale, potete farla. Mentre fate questo, col tempo, scoprirete che la vostra partner fa un'associazione tra la sua fiducia e qualsiasi cosa state ancorando. Il trucco qui è quello di assicurarsi che ogni volta che si attiva quella sensazione per lei, si deve accoppiare anche con l'ancora. Questo è fondamentale se volete che sia veramente efficace. Tieni presente che questo richiederà tempo, ma sarà anche incredibilmente efficace.

Stimolare e Guidare

Comunemente usato nella PNL è l'atto di stimolare e guidare. Effettivamente, questa è l'abilità di capire come meglio identificarsi con l'altra persona (come il rispecchiameno per mettersi sulla stessa linea) e poi guidarla nella tua mentalità invece di permetterle di mantenere la propria.

Mentre leggete questo, ripassando le parole scritte qui per voi, potreste scoprire che state diventando curiosi su cosa sia la stimolazione e la guida e come possa essere usata.

Se ora vi sentite curiosi riguardo al ritmo e alla guida, allora ci siete appena cascati - il vostro stato attuale è stato riconosciuto, e poi siete stati gentilmente guidati verso uno stato diverso - la curiosità. Questa è una tecnica incredibilmente efficace per una ragione specifica: si inizia menzionando qualcosa che è vero, riconoscendo lo stato di qualcun altro prima di menzionare attivamente qualcos'altro. Disarma efficacemente la mente cosciente subito dopo aver detto la verità - la coscienza non vede più ciò che sta per essere detto come potenzialmente minaccioso perché la prima parte non lo era.

A volte, questo può essere abbastanza evidente, come è stato in quella prima reazione, ma si può anche vedere che avviene in modo molto più sottile. Fintanto che siete in grado di abbinare il ritmo e poi condurre, troverete che questa tecnica può avere successo. Naturalmente, devi aver costruito quel rapporto iniziale - se non hai già un rapporto con la persona con cui stai cercando di dare il ritmo, inizia con il rispecchiamento e poi passa a questa tecnica.

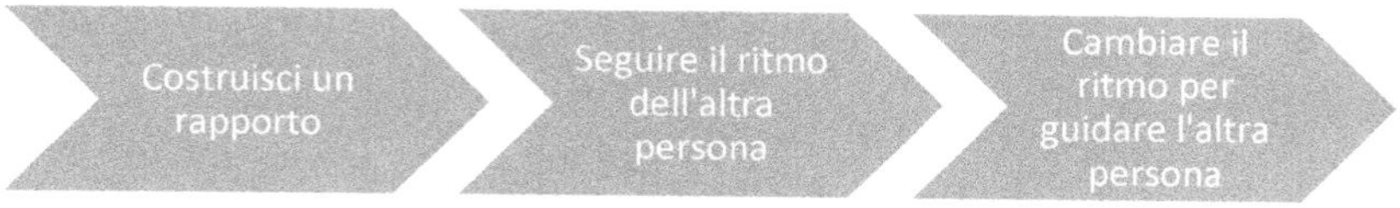
Costruisci un rapporto
Seguire il ritmo dell'altra persona
Cambiare il ritmo per guidare l'altra persona

Considera per un momento che sei in una discussione con il tuo coniuge. Il vostro coniuge si sta arrabbiando molto e la sua voce si sta alzando. Anche voi siete piuttosto arrabbiati, ma non volete che la situazione degeneri ulteriormente. In questo caso, si può fare in modo di corrispondere al ritmo dell'altra persona. Questo non significa che dovete iniziare a urlare al vostro coniuge. Dovete trovare un altro modo per adeguare il ritmo. Invece di urlare anche le vostre frustrazioni, forse restituite lo stesso tono e la stessa intensità con qualcosa di leggermente meno serio. Urla di nuovo che hai fame invece di urlare che sei arrabbiato. Forse puoi anche mischiarlo e urlare che hai fame. Poi cominci a diminuire gradualmente la tua intensità, portando loro e la loro intensità con te. L'improvviso cambiamento di ritmo può inizialmente scioccare il vostro coniuge, ma in seguito scoprirete che seguirà la vostra de-escalation la maggior parte delle volte.

Questo può essere incredibilmente utile in molti contesti diversi: potete usarlo in un ambiente di lavoro, ascoltando ciò che il vostro cliente ha da dire, adattandovi al ritmo, e poi passando a ciò di cui vorreste invece discutere. Puoi usarlo nella pubblicità, riconoscendo ciò che le persone stanno facendo e poi indirizzandole a ordinare il prodotto. Puoi anche usarlo per guadagnare interesse in qualcosa, come è stato fatto all'inizio di questa sezione.

Imparare a leggere il linguaggio del corpo

Infine, un'ultima tecnica che viene usata regolarmente nella PNL è quella di imparare a leggere e gestire il linguaggio del corpo. Dedicare del tempo a capire la comunicazione non verbale significa che sarete in grado di leggere meglio le intenzioni delle altre persone. Nel capire le intenzioni delle altre persone, scoprirete che potete anche influenzare e controllare molto meglio le situazioni.

Quando si è in grado di leggere il linguaggio del corpo, si sviluppa la capacità di capire cosa stanno pensando. Tuttavia, quando si impara a gestire il proprio linguaggio del corpo, si può iniziare a capire come meglio interagire con le altre persone per cambiare sottilmente i loro sentimenti.

Ripensate al rispecchiamento: è probabile che l'altra persona segua le vostre indicazioni quando siete in grado di creare quella connessione con loro. Cosa succederebbe se cominciaste ad usare i vostri segnali non verbali per aiutarli a calmarsi o a cambiare la loro mentalità? Forse state parlando con qualcuno che sembra esitare a fare un acquisto - potete rispecchiare l'altra persona e annuire sottilmente con la testa per spingerla gentilmente a voler essere d'accordo. Puoi usare questo per spingere le persone a prendere la loro decisione finale. Se l'altra persona è ancora indecisa sull'idea dopo che tu hai già tentato di spingere per un sì, probabilmente dovresti accettare quel no e andare avanti. Si può usare anche in molti altri modi. Se qualcuno sembra infastidito, potete specchiarvi per ottenere il vostro rapporto con l'altra persona e poi usare il linguaggio del corpo per cominciare a calmarla. Tutto quello che devi fare è passare attraverso il processo, e scoprirai che puoi influenzare costantemente anche i sentimenti minori.

Capitolo 7: Migliorare le Capacità di Comunicazione

Considerando quanto la PNL sia sociale e quanto si debba essere in grado di interagire con le menti degli altri, non dovrebbe sorprendere che buone capacità di comunicazione siano fondamentali se si vuole essere in grado di usarla. Queste possono essere difficili da sviluppare se non sai cosa stai facendo, ma puoi imparare come sviluppare al meglio le abilità che ti serviranno. In particolare, le abilità di comunicazione che sono forti possono fornirti una miriade di benefici, sia nell'ambito della PNL e della persuasione che semplicemente nella tua vita generale. Sarete in grado di comunicare con gli altri per essere compresi meglio, il che significa che non vi imbatterete in conflitti tanto spesso.

Sarete in grado di affrontare le lotte che si possono incontrare. Sarete in grado di chiedere ciò di cui avete bisogno. Sarete in grado di comunicare meglio con le menti inconsce di coloro che vi circondano. Tutto quello che dovete fare è sviluppare le giuste abilità per farlo. Aumenterà la vostra fiducia in voi stessi, e con quella fiducia migliorata, scoprirete che è molto più probabile che siate felici nella vostra vita.

In particolare, quando hai bisogno di sviluppare solide capacità di comunicazione, le migliori da imparare sono quelle di essere in grado di stabilire un contatto visivo significativo senza forzarlo o fingere, di essere in grado di presentarti come sicuro e in controllo, e di essere in grado di ascoltare efficacemente. Queste, in particolare, vi aiuteranno a diventare molto più bravi a comunicare in un modo che non solo faciliti la vostra comprensione di ciò che gli altri vogliono trasmettervi, ma anche a fare in modo che possiate dire agli altri ciò di cui avete bisogno in modo chiaro e significativo. In modo efficace, sarete in grado di assicurare che coloro che vi circondano vi capiscano e siano in grado di rispettare ciò che volete e di cui avete bisogno.

Questo capitolo vi fornirà le informazioni necessarie per affrontare le tre tecniche specifiche di cui sopra, fornendovi i passi per renderle abituali, anche se vi sentite intimiditi dall'idea di stabilire un contatto visivo o di cercare di essere sicuri di voi stessi. Basta tenere a mente, ogni volta che vi sentite dubbiosi su questi metodi, che sarete visti come più affidabili, e la fiducia è fondamentale se sperate di essere visti come affidabili da coloro che vi circondano.

Stabilire un contatto visivo

Il contatto visivo è una di quelle abilità che è necessario sviluppare per essere efficaci nella comunicazione, ma è anche una di quelle con cui le persone tendono a lottare. Il contatto visivo può rendere più incisivo ciò che stai dicendo e cambiare il modo in cui le persone ti vedono mentre parli, ma può anche essere piuttosto difficile da mantenere. Se si vuole essere in grado di comunicare chiaramente, è necessario sviluppare una tolleranza per il contatto visivo, o almeno imparare a stabilire un contatto visivo in modo da convincere l'altra parte che la si sta guardando.

Dato che così tante discussioni e conflitti possono essere legati a un errore di comunicazione, essere in grado di comunicare in modo chiaro ed efficace è fondamentale. Con un buon contatto visivo e solide capacità di comunicazione, scoprirete che le persone intorno a voi sono molto più disposte ad ascoltare ciò che avete da dire. Si fideranno di voi più frequentemente e più volentieri. Saranno più impegnati nella conversazione e nello scambio e avranno più probabilità di ricordarsi di voi con affetto e felicità. L'inizio di tutto questo è il contatto visivo. Dopo tutto, se qualcuno non ha un forte contatto visivo con voi, di solito si presume che non sia degno di fiducia - è un segno di inganno, e questo non è quello che volete rappresentare se volete essere visti come onesti e degni di essere ascoltati.

Quando usi il contatto visivo, stai dicendo all'altra persona che stai ascoltando e sei interessato. Dite all'altra persona che, in quel momento, la vostra attenzione è sull'altra persona, il che significa che è libera di continuare. Tuttavia, le persone generalmente lottano con il contatto visivo. Se vuoi migliorare la tua capacità di stabilire un contatto visivo significativo, prova a seguire i seguenti passi.

La regola del 50/70

A prima vista, questo può sembrare confuso dato che non arriva a 100, ma in realtà ha senso. Stai cercando un contatto visivo che sia buono, significativo, ma non fisso e scomodo. Mentre tutti noi vogliamo ricevere un contatto visivo per sapere che siamo importanti e che l'altra parte sta ascoltando attivamente, non vogliamo anche un contatto visivo eccessivo. Troppo sembra aggressivo e scomodo, e per questo motivo, è necessario trovare quella via di mezzo in cui si dà abbastanza contatto visivo ma non così tanto da fissare l'altra persona.

Questo viene gestito stabilendo un contatto visivo per il 50% del tempo quando si parla, e per il 70% del tempo quando si ascolta. Quando le persone parlano, guardano naturalmente da un'altra parte mentre raccolgono i loro pensieri. Questo perché pensare è incredibilmente difficile da gestire. Il contatto visivo è mentalmente intenso ed estenuante, e per questo motivo, può distrarre se si cerca di mantenerlo costantemente durante una conversazione. Se si stabilisce un contatto visivo per metà del tempo quando si parla, si comunica all'altra persona che si sta parlando con lei senza passare per maleducati o provocatori.

Quando si ascolta, tuttavia, si vuole essere visti come attenti per incoraggiare l'altra persona a continuare a parlare. È qui che entra in gioco la regola del 70%: si vuole guardare di più l'interlocutore in modo che senta di avere la vostra attenzione, ma si vuole comunque evitare di fissarlo, perché alle persone in genere non piace essere fissate. Distrae, mette a disagio e può causare problemi.

Mantenere 4-5 secondi di contatto visivo alla volta

Quando stai stabilendo il contatto visivo, assicurati di fare una pausa ogni 4 o 5 secondi. Così facendo interrompi il contatto visivo abbastanza da ammorbidirlo senza apparire volubile o distratto. Interrompendo il contatto visivo ogni pochi secondi, rendete chiaro che non state cercando di essere scortesi o aggressivi, e tornando all'oratore, gli dite che ha ancora tutta la vostra attenzione.

Prestare attenzione a dove si guarda

Quando si prende una pausa dal contatto visivo, può essere facile abbassare lo sguardo o guardarlo velocemente. Questo, tuttavia, tende a farvi sembrare nervosi e quindi non affidabili. Quando si interrompe il contatto visivo, è importante guardare di lato piuttosto che guardare in basso. Guardare di lato o in alto implica pensare, ma guardare in basso ti fa sembrare a disagio o timido.

Contatto visivo immediato

Quando vuoi parlare con qualcuno, assicurati di avere un contatto visivo prima di parlare, e assicurati di incontrare gli occhi quando inizi a parlare. Vuoi che il contatto visivo sia presente quando inizia la conversazione. Stabilisci il contatto visivo, parla e poi distogli lo sguardo.

Guardare tra gli occhi

Se trovi che il contatto visivo legittimo è troppo scomodo da mantenere, puoi provare invece a guardare tra gli occhi al ponte del naso. Di solito puoi usare questo per ingannare l'altra persona a pensare che la stai guardando, anche se ti stai risparmiando il disagio del contatto visivo. Naturalmente, il contatto visivo genuino è sempre preferibile, ma si può usare questo metodo mentre si lavora su come stabilire il contatto visivo più facilmente e regolarmente.

Ascoltare efficacemente

Oltre a stabilire un buon contatto visivo, devi anche essere in grado di ascoltare efficacemente se speri di fare buoni progressi con le persone intorno a te. Ascoltare è un'altra di quelle abilità che molte persone danno per scontate - pensano che essere in grado di ascoltare qualcuno dovrebbe essere facile dato che abbiamo il senso dell'udito. Tutto quello che si deve fare è sentire, giusto?

Sbagliato.

Sentire è completamente diverso dall'ascoltare. Sentire è passivo, mentre ascoltare è attivo. Quando sentite qualcuno, state semplicemente registrando che sta parlando. Non capite veramente ciò che è inteso o viene detto, anche se siete in grado di riassumere più o meno il punto di ciò che è stato detto. Quando si ascolta qualcuno, non lo si sta necessariamente ascoltando, ma quando si ascolta qualcuno, lo si ascolta.

L'ascolto attivo è una di quelle abilità che potete sviluppare per elevare il vostro udito all'ascolto. Così facendo, scoprirete che la comunicazione, in generale, è notevolmente migliorata. Se riuscite a comunicare e ad ascoltare in modo efficace, otterrete una migliore comprensione di ciò che era inteso in quella conversazione perché vi siete presi il tempo di ascoltare e di informarvi invece di fare solo supposizioni.

Come ascoltare attivamente

Quando siete pronti ad ascoltare attivamente, dovete passare attraverso diversi passi. Assicuratevi effettivamente di essere in una posizione che permetta di ascoltare e prestare attenzione. Evitate le distrazioni. Date all'altra persona la completa attenzione. Ascoltate davvero senza pensare a come risponderai all'altra persona. Questo può sembrare semplice in teoria, ma pensate a quello che la vostra mente sta facendo durante una conversazione – trovate che finite per passare il tempo cercando di capire come rispondere all'ultimo concetto espresso quando l'altra persona sta ancora parlando? Questo non è ascolto attivo. Questo è ascoltare l'altra persona e poi distrattamente mettere insieme una confutazione che può essere completamente irrilevante alla fine della conversazione, e questo non è giusto per l'altra persona. Per ascoltare attivamente, quindi, farai quanto segue:

- **Passo 1: Affrontare l'altra persona**: Questo è il momento in cui gli dai la tua completa attenzione. Nessun telefono o schermo presente. Assicuratevi di avere un contatto visivo e di non essere distratti.
- **Passo 2: Ascoltare**: Quando ascolti, assicurati di prestare attivamente attenzione a ciò che l'altra persona sta dicendo. Non cercare di arrivare con una risposta

durante questo periodo - stai semplicemente ascoltando l'altra persona.

- **Passo 3: Linguaggio del corpo attento**: Ricordate come annuivate quando cercavate di costruire un rapporto? Bene, assicurati di annuire e di affermare che stai ancora ascoltando mentre l'altra persona parla, ma non interrompere. Si può anche fare in modo di appoggiarsi leggermente mentre si ascolta l'altra persona e mantenere il proprio linguaggio del corpo aperto e ricettivo. Questo significa non incrociare le braccia e prestare attenzione in modo efficace.

- **Passo 4: Fare domande**: Quando arrivi alla fine del discorso dell'altra persona, fagli qualche domanda. Queste dovrebbero essere domande chiarificatrici, non domande progettate per fare buchi nell'argomentazione dell'altra persona. Prenditi il tempo di chiedere se hai capito bene.

- **Passo 5: Formulare la risposta**: Non iniziare a formulare la tua risposta all'altra persona fino a quando non hai avuto la conferma che, in effetti, hai capito ciò che è stato detto. A quel punto, prenditi un minuto per mettere insieme una risposta, e poi vai avanti e dilla.

Quando seguirete questi passi, scoprirete che in realtà siete molto più bravi a capire quello che le persone dicono di quanto non pensiate inizialmente. Comincerete a ottenere più comprensione dalle altre persone. Gli altri si fideranno di più di te nelle conversazioni con loro. Saranno più inclini ad ascoltarti e tu sarai più preparato per il tuo viaggio nella PNL. Ricordate, se si vuole essere in grado di padroneggiare la PNL, è necessario essere in grado di ascoltare in modo efficace.

Linguaggio del corpo fiducioso

Infine, un ultimo metodo che è possibile utilizzare per migliorare la propria comunicazione con gli altri è quello di sviluppare un linguaggio del corpo sicuro. Questo significa che devi assicurarti di non chiuderti al contatto con le altre persone. Se siete abbastanza coscienziosi riguardo al vostro linguaggio del corpo, assicurandovi di ritrarvi in modo positivo e attento, scoprirete che siete effettivamente molto più efficaci nel comunicare con gli altri. Questa sezione vi fornirà diversi modi in cui potete mantenere il vostro linguaggio del corpo efficace e sicuro per convincere gli altri a mostrare fiducia anche in voi. Se riuscite ad attirare la fiducia, scoprirete che gli altri sono più ricettivi ai vostri tentativi di comunicare con loro.

- **Stare in piedi a testa alta**: Il modo migliore per essere visti come assertivi e sicuri di sé è quello di mantenere il vostro linguaggio del corpo alto e aperto. Il modo migliore per farlo è quello di raddrizzare la spina dorsale, tenere la testa dritta e assicurarsi che le gambe siano ben distanziate. Dovresti stare in piedi con i piedi alla larghezza delle spalle: così facendo rendi chiaro agli altri che sei sicuro e a tuo agio con te stesso.

- **Usa le pose di potere**: Alcune pose, come stare in piedi con calma e alti mentre le mani sono dietro la schiena, trasudano sicurezza senza essere prepotenti. Se sei in grado di usare le tue pose di potere, non solo dirai agli altri che sei a tuo agio e sicuro di te, ma comincerai anche a sentirti più sicuro.

- **Tieni traccia delle tue mani**: Assicurati di guardare cosa fanno le tue mani. Può essere incredibilmente facile offendere qualcuno con un gesto fuori luogo o nascondendo la mano in tasca. Fai attenzione a quello che fai con le mani per assicurarti di mostrare che sei calmo e in controllo.

- **Stabilire un buon contatto visivo**: Questo non può essere più importante o più enfatizzato: devi essere in grado di stabilire un buon contatto visivo per essere considerato sicuro di te.

- **Evitare di agitarsi**: Le persone che non sono sicure di sé spesso scoprono che sono regolarmente prese da agitazione o altri comportamenti nervosi semplicemente perché sono a disagio. Il loro corpo tradisce questa mancanza di fiducia. Cercate di stare fermi e aperti quando state comunicando per essere visti come fiduciosi.

- **Linguaggio del corpo aperto**: Assicuratevi di mantenere il vostro linguaggio del corpo aperto. Questo significa che non puoi incrociare le braccia davanti a te o tentare di nasconderti quando comunichi. Vuoi assicurarti che l'altra persona non ti veda come disonesto o non disposto a comunicare efficacemente.

Capitolo 8: PNL per Una Vita di Successo

Infine, abbiamo raggiunto l'ultimo capitolo di questo libro. Potresti sentirti come se avessi molto più intuito su come puoi usare la PNL e influenzare altre persone. Tuttavia, puoi anche usarla su te stesso. Avete qualche tipo di trauma negativo che vi rende difficile funzionare? Forse vi sentite come se foste stati frenati dalle vostre emozioni o dai tentativi di superare la vita. Bene, dopo aver letto questo libro, ora hai diversi strumenti che possono aiutarti a sentirti meglio su chi sei, cosa vuoi e come vivi la vita. Tutto quello che devi fare è iniziare ad utilizzarli.

La PNL può essere usata su se stessi abbastanza regolarmente per rendervi più felici, più sani e più fiduciosi. Nell'attrarre la felicità e la fiducia, troverete che avete molto più successo nei vostri sforzi. Potreste rendervi conto che siete in grado di comunicare meglio e di relazionarvi con le persone dopo aver sconfitto la vostra ansia o le vostre paure. Potreste scoprire che siete in grado di andare più d'accordo perché potete comunicare più facilmente. Potreste scoprire che vi sentite semplicemente meglio senza che la preoccupazione di come la gente vi vedrà sia sparita. Quando sei in grado di esercitare la PNL per te stesso, puoi iniziare a sconfiggere qualsiasi trauma che ha indugiato, trattenendoti per troppo tempo. Sarete in grado di riformulare quei traumi, separandovi da quella negatività e trovando il modo di rendere quei ricordi qualcosa di molto meno traumatico. Sarete in grado di ancorarvi in un processo che è incredibilmente simile a quello usato per altre persone, e con l'uso di questo, scoprirete che siete in grado di sconfiggere le abitudini negative. Con quelle abitudini eliminate, vi sentirete molto più capaci. Sarete autorizzati. Avrete successo. Userete la PNL per il suo scopo più vero: usarla per aiutare gli altri e voi stessi.

Questo capitolo vi guiderà attraverso tre tecniche che è possibile utilizzare per esercitare il potere della PNL su se stessi. Imparerete ad usare la dissociazione per prendere le distanze dai sentimenti legati ad uno specifico evento traumatico o per rimuovere un innesco tra un evento e un sentimento. Imparerete ad usare il reframing per cambiare il modo in cui vedete un evento o un ricordo. Infine, sarete guidati su come ancorarvi con facilità.

Dissociazione

L'ansia può essere debilitante, specialmente se è un'ansia verso qualcosa che si deve affrontare regolarmente. Torniamo all'esempio della donna che ha avuto un incidente davanti alla sua classe e non ha più potuto superarlo. Potrebbe decidere, dopo aver letto questo libro, di voler passare attraverso il processo di dissociazione. Vuole capire come rimuovere una volta per tutte quel legame intrinseco tra i suoi sentimenti negativi e il poter andare davanti alla folla.

Questo processo comporta tre semplici passi: Identificare l'emozione problematica, concentrarsi su di essa e sulla causa, e poi visualizzare e cambiare.

La nostra amica può identificare che prova vergogna. Si vergogna di essersi urinata addosso in classe davanti a tutti i suoi compagni, e questa vergogna viene fuori regolarmente.

101

Riconosce che prova la stessa vergogna ogni volta che si trova di fronte ad altre persone, come i suoi colleghi, o quando deve andare a un colloquio, e in fondo alla mente ha sempre paura che succeda di nuovo.

Poi deve visualizzare l'evento scatenante. In questo caso, visualizza l'incidente come se fosse ieri - si ferma e ricorda come si sentiva quando doveva andare in bagno ma aveva troppa paura di alzare la mano e chiedere di andare. Era stata imbarazzata dal fatto che doveva andare durante una presentazione, e si preoccupava che quelli intorno a lei si sarebbero arrabbiati perché non aveva sentito la presentazione che era stata fatta. Si immagina la sua scuola elementare che va davanti alla classe, cercando disperatamente di fare la sua presentazione, anche se ha davvero bisogno di andare in bagno. Sente il suono della pioggia che batte sulla finestra dell'aula e ricorda la sensazione di calore bagnato che si diffonde lungo le gambe. Ricorda il suono delle risate che esplodevano nella stanza e l'imbarazzo e le lacrime mentre correva in bagno, con l'urina che si infilava nelle scarpe. Lo ricorda nel modo più vivido possibile, e può sentire il suo viso diventare rosso vivo dalla vergogna mentre lo fa.

Con il ricordo ben impresso nella mente, è il momento di ripetere di nuovo quella scena, ma questa volta, cercando di prendere le distanze dalla vergogna che ha provato. È il momento di guardare il ricordo in un modo che riduca la negatività. Forse immagina che tutti si siano bagnati i pantaloni nello stesso momento, e che le risate fossero dirette a tutti, non solo a lei. Forse immagina che invece dell'urina si sia rovesciata una bibita o qualcos'altro sulle ginocchia. Vuole cambiare il contesto, in modo che non sia più angosciante e sia invece divertente. Con il tempo, le emozioni negative svaniranno. Può richiedere tempo e ripetizioni, ma col tempo, i sentimenti di vergogna saranno desensibilizzati e svaniranno.

Riformulazione del contenuto

Un'altra tecnica che può essere utile verso se stessi è imparare a riformulare il contenuto. Prenderai effettivamente la sensazione che vuoi eliminare e riformulerai ciò che è successo per cambiare il risultato. Questo è effettivamente tentare di attingere al ciclo di pensieri, sentimenti e comportamenti. Per esempio, se sentite di essere una cattiva persona, vi comporterete in modi che non dimostrano che siete una buona persona - sarete nervosi e volubili. Questo porterà le altre persone a voler mantenere le distanze, rafforzando ulteriormente il pensiero iniziale di essere una cattiva persona. Quando sarete in grado di rimuovere quella sensazione negativa iniziale, in modo da smettere di ossessionarvi, vedrete un cambiamento anche nei modelli comportamentali. Per esempio, torniamo alla donna che urinava in classe da bambina.

È così preoccupata di mettersi di nuovo in imbarazzo in pubblico che si spaventa ogni volta che sa che deve esibirsi o fare una presentazione. Questo porta al nervosismo, che porta a una mancata esecuzione soddisfacente, che rinforza ulteriormente la sua paura.

Nel reframing, smetterete effettivamente di concentrarvi sul negativo e sposterete invece la vostra attenzione su qualcos'altro che vi aiuterà, come ad esempio accettare la vostra responsabilità per le vostre emozioni. Potete decidere che non vi preoccuperete più di fallire o di commettere un errore e invece vi concentrerete su come fare in modo che il vostro progetto abbia il maggior successo possibile. Così facendo, sposterete effettivamente la vostra attenzione su qualcosa che potete sistemare. Alla fine, otterrete risultati migliori e insegnerete a voi stessi che lo spostamento dell'attenzione è assolutamente necessario. Scoprirete che la vita migliora e che in realtà non avete più paura delle presentazioni come all'inizio, perché avete iniziato a trarne delle esperienze positive.

Ancorare se stessi

Infine, l'ultimo processo che sarà discusso all'interno di questo libro è come ancorarsi. Sarete in grado di usare quel processo di ancoraggio con tutti i benefici dell'ancoraggio che è stato discusso in precedenza e iniziare ad applicarlo anche a voi stessi. L'unica vera differenza nell'ancorare voi stessi rispetto all'ancorare gli altri è che quando ancorate voi stessi, molto più del processo è interno. Non dovete cercare di innescare emozioni in altre persone - invece, siete concentrati su voi stessi e su ciò che dovete fare.

Questo seguirà gli stessi passi dell'ancoraggio di altre persone: Farete ancora in modo di identificare un'emozione, identificare un innesco per l'emozione, identificare un'ancora, innescare l'emozione e poi usare l'ancora finché non funziona. Questo rimane lo stesso. Cosa cambia sono i metodi attraverso i quali siete in grado di ancorare le altre persone? Invece di concentrarvi su come innescare esternamente i sentimenti nelle altre persone, dovete innescarli dentro di voi.

Per esempio, considerate la nostra amica che ha avuto l'incidente ancora una volta. Forse vuole smettere di sentirsi ansiosa e sentirsi invece rilassata quando presenta. Dichiara che il sentimento che vuole innescare è il rilassamento. Poi deve pensare ad un momento in cui ha sentito quell'emozione incredibilmente forte per poterla usare. Forse sceglie un momento della sua prima notte di nozze in cui lei e suo marito appena sposato guardavano il tramonto sull'oceano al suono delle onde che sciabordavano sulla spiaggia. Quel momento era particolarmente rilassante per lei e lo amava. Quel ricordo diventa il suo innesco per la sua emozione.

Ora, sceglie una semplice ancora - decide di usare un battito molto specifico delle dita dei piedi contro la suola della scarpa, perché sa che sarà discreto e potrà usarlo in pubblico senza che nessuno lo sappia.

Pensa a quel ricordo sulla spiaggia, aspettando che le sensazioni di rilassamento la inondino, e proprio quando quelle emozioni raggiungono il loro picco, batte le dita dei piedi sulla scarpa secondo il modello che sta collegando al ricordo. Nel corso di diversi giorni e tentativi, scopre che ogni volta che batte le dita dei piedi, le viene in mente quel ricordo rilassante. Ora si è ancorata a quella sensazione e può usarla ogni volta che è in pubblico e si sente angosciata, o ogni volta che deve presentare per qualcuno al lavoro. Può usare queste tecniche e scoprire che il suo stress e l'ansia semplicemente si sciolgono.

Conclusioni

Siamo arrivati alla fine di Intelligenza Emotiva e Programmazione Neuro-Linguistica.

Speriamo che, leggendo, abbiate trovato il contenuto avvincente, interessante, informativo e facile da seguire. Con cura, questo libro è stato progettato per guidarvi attraverso il mondo della programmazione neurolinguistica.

La PNL è la capacità di imparare a comunicare efficacemente con la mente inconscia di te stesso o degli altri. Quando si può accedere alla mente inconscia di qualcun altro, si sta effettivamente imparando a bypassare tutti i controlli e gli equilibri in atto per garantire che siano in grado di mantenere il libero arbitrio.

Queste tecniche possono quindi essere utilizzate in modi che porteranno benefici a tutte le persone coinvolte: sarete in grado di aiutare attivamente le altre persone con facilità. Sarete in grado di alleviare il dubbio, creare ancore per infondere fiducia, e altro ancora, tutto perché avete queste abilità.

Naturalmente, c'è ancora la possibilità di usare questo controllo mentale per ragioni più nefaste. Così come semplicemente potreste usare queste tecniche per aiutare altre persone, potete anche usarle specificamente per ferire gli altri. Invece di alleviare l'ansia o i ricordi traumatici, si possono fare associazioni con la paura e il rifiuto al fine di spingere qualcuno ulteriormente sotto il proprio controllo.

Non solo sarete in grado di esercitare questi strumenti da soli, se lo desiderate, ma sarete anche in grado di identificare i modi in cui l'uso di questi comportamenti può essere vantaggioso per tutti.

Grazie per avermi permesso di unirmi a voi nel vostro viaggio.

CPSIA information can be obtained
at www.ICGtesting.com
Printed in the USA
BVHW082321030521
606340BV00008B/2302